R로 만드는 추천 시스템

R로 만드는 추천 시스템

고객의 취향을 예측하는
추천 시스템 만들기

수레시 고라칼라 · 미셸 우수엘리 지음

김동섭 · 윤병도 · 김현돈 · 박정현 옮김

Packt> i!i 에이콘

우리만이 전부였던 나의 어머니, 다마얀티Damayanti를 사랑한 모두에게

지은이 소개

수레시 고라칼라 Suresh K. Gorakala

데이터 분석가이자 데이터 마이닝, 빅데이터 분석, 시각화 도구 전문 컨설턴트며 2013년부터 자신의 블로그에 데이터 과학에 관한 글을 쓰고 있는 블로거다(http://www.dataperspective.info/).

인도 안드라대학교Andhra University의 SRKR 공과대학SRKR Engineering College에서 기계공학 학사 학위를 취득했고 데이터 도구 제작과 아이디어 창출, 교육, 사진, 여행을 좋아한다. 이메일(sureshkumargorakala@gmail.com)이나 트위터(@sureshgorakala)를 통해 연락할 수 있다.

나를 응원해주신 모든 분께 진심으로 감사한다. 이 책을 저술하는 동안 다방면으로 나를 지지해준 아버지, 사랑스러운 아내, 그리고 누이에게 특히 감사한다. 또한 어려울 때마다 나를 도와준 친구들인 라제시Rajesh, 하리Hari, 기리시Girish에게도 감사의 인사를 전한다. 집필을 도와준 우샤 아이어Usha Iyer와 키르티 파틸Kirti Patil에게 특별한 감사를 전한다. 특히 미셸 우수엘리를 언급하고 싶다. 그가 없었으면 이 책을 완성할 수 없었을 것이다.

미셸 우수엘리|Michele Usuelli

대용량 데이터 및 머신 러닝 분야의 전문 데이터 과학자이자 작가며, R의 열성적인 팬이다. 현재 2015년 4월 마이크로소프트가 인수한 R 기반 기업인 레볼루션 애널리틱스 Revolution Analytics에서 근무하고 있다. 수학공학을 전공했으며 과거에는 빅데이터 스타트업과 출판사에서 일했다. 팩트출판사가 펴낸 『R Machine Learning Essentials』(2014)의 저자이기도 하다.

| 기술 감수자 소개 |

라탄랄 마한타 Ratanlal Mahanta

퀀트 트레이딩Quantative Trading의 모델링 및 시뮬레이션 분야에서 수년간의 경력을 보유했다. 현재 GPSK 투자 그룹GPSK Investment Group의 수석 분석가로 콜카타Kolkata에서 근무하고 있다. 계산 금융 분야에서 석사 학위를 받았으며 퀀트 트레이딩, 최적 주문 실행Optimal Execution, 초단타 매매High Frequency Trading를 연구했다. 또한 팩트출판사가 펴낸 『Mastering R for Quantitative Finance』(2015), 『Mastering Scientific Computing with R』(2015), 『Machine Learning with R Cookbook』(2015), 『Mastering Python for Data Science』(2015)를 감수했다.

| 옮긴이 소개 |

김동섭(dongsup.kim@gmail.com)

경북대학교에서 지능형 에이전트로 석사 학위를 받았다. 2006년부터 수년간 일본 동경에 있는 ORIX 그룹ORIX Group, NTT COMWARE, 캐논 마케팅 재팬Canon Marketing Japan에서 시스템 분석 및 설계, 개발 업무를 담당했고 현재는 NHN Technology Services에 재직 중이다. 번역서로는 『PHP+MySQL 웹 개발 마스터 북』(남가람북스, 2016)이 있다. 홈페이지(http://www.abreqadhabra.com)를 운영한다.

윤병도(nick.yoon@outlook.com)

숭실대학교에서 경영학 학사를 취득했으며 이후 한국방송통신대 정보통계학과에 편입해 통계학과 컴퓨터공학을 수학 중이다. 참좋은여행에서 여행 상품 추천 시스템 모형 설계, 데이터 기반 상품 분석, 고객 정보 통합 업무 등을 담당했고, 현재는 쿠팡 여행사업부에서 분석가로 재직 중이다. 자율형 연구소인 '모두의연구소'에 추천 시스템 연구실을 만들어 운영하고 있다.

김현돈(hyundonkim@naver.com)

일본 국비(문부성) 장학생으로 교토대학교Kyoto University에서 로봇 청각 시스템으로 박사 학위를 취득했다. 이후 4년간 LG전자 전자기술원 미래IT융합연구소에서 가전 및 휴대폰에 사용되는 음성 인식 시스템의 전처리 기술 연구 및 상용화 개발을 담당했다. 현재는 음성을 이용한 생체 인증과 딥러닝을 사용한 차세대 전파감지기 개발 업무를 맡고 있다.

│ 옮긴이의 말 │

먼저 랩장의 부족함에도 불구하고 끝까지 함께해준 연구원들에게 감사한다. 이 책은 자율형 연구소인 '모두의연구소'에서 추천 시스템을 연구해 얻은 첫 결과물이다. 이 책은 부담 없는 분량으로 추천 시스템 전반에 대한 내용을 포괄적으로 담고 있어 입문자가 보기에 적당하다. 다만, 머신 러닝에 대한 이론에서 저자가 한정된 지면에 많은 내용을 담고자 했기에 어느 정도 배경지식을 필요로 한다는 점을 미리 밝혀둔다. 이 책으로 추천 시스템에 관심을 갖게 됐거나 함께 연구하고 싶다면 '모두의연구소(http://www.modulabs.co.kr)'로 문의해주길 바란다. 현재 2기가 활동 중이며, 필요에 따라 수시로 연구원을 모집하고 있다. 끝으로 아낌없는 믿음과 도전의 기회를 주신 이규식 상무님과 권병철 팀장님께 깊은 감사의 인사를 드린다.

– 윤병도

이 책은 R로 추천 시스템을 구현해보려 할 때 가장 많이 접하게 되는 recommenderlab 패키지를 사용해 추천 시스템을 구현해보는 아주 간결한 형식의 자습서다. 비록 추천 시스템에 대한 지적 호기심을 한껏 충족시켜주지는 못할지라도, 이론적 배경지식부터 추천 모델의 생성 및 평가, 그리고 학습한 내용을 바탕으로 자신만의 추천 시스템을 만들어보는 사례 연구까지 다루고 있으므로, 추천 시스템에 대한 전체적인 얼개와 흐름을 한눈에 파악할 수 있도록 압축해서 보여주는 것에 의의가 있다고 생각한다. 감히 말하길, 독자 제현들이 이 책을 처음부터 끝까지 차근차근 따라 하다 보면 누구나 쉽고 빠르게 추천 시스템의 기본 개념을 잡을 수 있을 것이다.

– 김동섭

오랜 기간 동일한 분야에서 개발 업무를 담당해오다가 매너리즘에 빠진 자신을 발견하고 새로운 분야를 탐색해보고자 '모두의연구소' 추천 시스템 연구실에 참여하게 됐다. 이 책은 초보자도 R을 이용해 직접 코드를 실행하면서 추천 시스템의 기초를 익힐 수 있게 해준다. 나는 이 책의 3장, '추천 시스템'을 번역했다. 필요한 부분만 축약한 이 책의 구성 덕분에 완독하는 데 많은 시간이 걸리지 않을 뿐 아니라 지루해서 읽다 포기하는 일은 결코 없을 것이라 확신한다. 이 책이 추천 시스템을 이해하는 데 조금이라도 도움이 되길 바란다.

– 김현돈

| 차례 |

추천 시스템은 사용자 구매와 선호도를 예측하는 머신 러닝^{Machine Learning} 기법이다. 이
러한 추천 시스템은 온라인 쇼핑 사이트나 동영상 공유 사이트에 여러 형태로 적용돼
있다.

이 책은 R을 사용해 어떻게 추천 시스템을 만드는지 보여준다. 먼저 추천 시스템에 관
련된 데이터 마이닝^{Data Mining}과 머신 러닝 개념을 살펴본다. 그런 다음 R을 사용해 추
천 모델을 만들고 최적화하는 방법과 가장 많이 사용되는 추천 기법에 대한 개요를 설
명한다. 마지막으로, 추천 시스템을 만드는 실용적인 사용 사례를 보여준다. 이 책을
읽고 나면, 자신만의 추천 시스템을 만드는 방법을 알게 될 것이다.

▌이 책에서 다루는 내용

1장. 추천 시스템 시작하기 이 책의 구성을 설명하고 추천 시스템의 실제 적용 사례를 알
아본다.

2장. 추천 시스템에서 사용되는 데이터 마이닝 기법 추천 모델을 만드는 데 필요한 R의 기
초를 살펴보고 데이터 처리와 머신 러닝 기법들을 알아본다.

3장. 추천 시스템 많이 사용되는 몇 가지 추천 시스템들을 설명하고 R을 사용해 어떻
게 만드는지 알아본다.

4장. 추천 시스템의 평가 추천 시스템의 성능을 평가하고 최적화하는 방법을 알아본다.

5장. 사례 연구: 나만의 추천 시스템 만들기 비즈니스 과제를 해결하기 위해 어떻게 추천
시스템을 만들고 최적화하는지 알아본다.

▌ 준비 사항

R 3.4.0 버전[1]과 (필수는 아니지만) RStudio Desktop[2] 소프트웨어가 미리 설치돼 있어야 한다.

▌ 이 책의 대상 독자

이 책은 R과 머신 러닝에 대한 배경지식을 가진 사람들을 대상으로 한다. 추천 시스템을 만들어보고 싶었다면 이 책이 적합할 것이다.

▌ 참고 문헌 인용

논문이나 출판물에 R 패키지인 recommenderlab[3]을 인용하려면, 'recommenderlab: Lab for Developing and Testing Recommender Algorithms by Michael Hahsler'를 참조한다.

LaTeX 사용자라면 다음의 BibTeX 양식을 사용한다.

```
@Manual{,
  title = {recommenderlab: Lab for Developing and Testing Recommender
Algorithms},
  author = {Michael Hahsler},
  year = {2017},
  note = {R package version 0.2-2},
```

---

1 R-3.4.0 for Windows (32/64 bit) – https://cran.r-project.org/bin/windows/base – 옮긴이

2 RStudio Desktop Open Source License – https://www.rstudio.com/products/rstudio/download – 옮긴이

3 recommenderlab: Lab for Developing and Testing Recommender Algorithms – https://cran.r-project.org/web/packages/recommenderlab – 옮긴이

```
  url = {http://lyle.smu.edu/IDA/recommenderlab/},
}
```

▌편집 규약

이 책에서는 독자의 이해를 돕고자 다루는 정보에 따라 글꼴 스타일을 다르게 적용했다. 이러한 스타일의 예와 의미는 다음과 같다.

텍스트에서 코드 단어는 다음과 같이 표기한다.

"model_details$data 객체는 평점 매트릭스를 포함한다."

코드 블록은 다음과 같이 표기한다.

```
vector_ratings <- factor(vector_ratings)
qplot(vector_ratings) + ggtitle("Distribution of the ratings")
exten => i,1,Voicemail(s0)
```

 경고나 중요한 노트는 이와 같이 나타낸다.

 팁과 요령은 이와 같이 나타낸다.

▌ 독자 의견

독자로부터의 피드백은 항상 환영이다. 이 책에 대해 무엇이 좋았는지 또는 좋지 않았는지 소감을 알려주길 바란다. 독자 피드백은 앞으로 더 좋은 책을 발행하는 데 큰 도움이 된다. 일반적인 피드백을 우리에게 보낼 때는 간단하게 feedback@packtpub.com으로 이메일을 보내면 되고, 메시지의 제목에 책 이름을 적으면 된다.

여러분이 전문 지식을 가진 주제가 있고, 책을 내거나 책을 만드는 데 기여하고 싶다면 www.packtpub.com/authors에서 저자 가이드를 참조하길 바란다.

▌ 고객 지원

팩트출판사의 구매자가 된 독자에게 도움이 되는 몇 가지를 제공하고자 한다.

예제 코드 다운로드

이 책에 사용된 예제 코드는 http://www.packtpub.com의 계정을 통해 다운로드할 수 있다. 다른 곳에서 구매한 경우에는 http://www.packtpub.com/support를 방문해 등록하면 파일을 이메일로 직접 받을 수 있다.

또한 에이콘출판사의 도서정보 페이지인 http://www.acornpub.co.kr/book/building-recommend-system-r에서도 예제 코드를 다운로드할 수 있다.

이 책의 컬러 이미지 다운로드

이 책에서 사용된 스크린샷/다이어그램의 컬러 이미지를 PDF 파일로 제공한다. 컬러 이미지는 출력 결과의 변화를 이해하는 데 큰 도움이 될 것이다. https://www.packtpub.com/sites/default/files/downloads/4492OS_GraphicBundle.

pdf와 에이콘출판사의 도서정보 페이지인 http://www.acornpub.co.kr/book/building-recommend-system-r에서 컬러 이미지를 다운로드할 수 있다.

정오표

내용을 정확하게 전달하기 위해 최선을 다했지만, 실수가 있을 수 있다. 팩트출판사의 도서에서 문장이든 코드든 간에 문제를 발견해서 알려준다면 매우 감사하게 생각할 것이다. 그런 참여를 통해 그 밖의 독자에게 도움을 주고, 다음 버전의 도서를 더 완성도 높게 만들 수 있다. 오탈자를 발견한다면 http://www.packtpub.com/submit-errata를 방문해 책을 선택하고, 구체적인 내용을 입력해주길 바란다. 보내준 오류 내용이 확인되면 웹사이트에 그 내용이 올라가거나 해당 서적의 정오표 부분에 그 내용이 추가될 것이다. http://www.packtpub.com/support에서 해당 도서명을 선택하면 기존 정오표를 확인할 수 있다.

한국어판은 에이콘출판사 도서정보 페이지 http://www.acornpub.co.kr/book/building-recommend-system-r에서 찾아볼 수 있다.

저작권 침해

인터넷에서의 저작권 침해는 모든 매체에서 벌어지고 있는 심각한 문제다. 팩트출판사에서는 저작권과 사용권 문제를 아주 심각하게 인식한다. 어떤 형태로든 팩트출판사 서적의 불법 복제물을 인터넷에서 발견한다면 적절한 조치를 취할 수 있도록 해당 주소나 사이트명을 알려주길 부탁한다.

의심되는 불법 복제물의 링크는 copyright@packtpub.com으로 보내주길 바란다. 저자와 더 좋은 책을 위한 팩트출판사의 노력을 배려하는 마음에 깊은 감사의 뜻을 전한다.

질문

이 책과 관련해 질문이 있다면 questions@packtpub.com으로 문의하길 바란다. 최선을 다해 질문에 답하겠다. 한국어판에 관한 질문은 이 책의 옮긴이나 에이콘출판사 편집 팀(editor@acornpub.co.kr)으로 문의해주길 바란다.

01

추천 시스템 시작하기

일상생활에서 무언가를 구매한다고 했을 때 어떤 과정을 거쳐 의사결정을 내리는지 생각해보자. 우리는 친구들에게 묻고, 제품 제원이나 설명서를 살펴보기도 한다. 또한 인터넷상에서 비슷한 다른 상품들과 비교해보기도 하고 익명의 여러 사용자의 후기를 읽고 난 후 결정한다. 만약 이러한 과정들을 자동으로 해주고 우리에게 가장 적합한 제품을 효과적으로 추천해줄 방법이 있다면 어떨까? 추천 시스템이나 추천 엔진이야말로 이 질문에 대한 해답일 것이다.

이제부터 우리는 추천 시스템을 다음과 같은 관점에서 정의해볼 것이다.

- 추천 시스템의 이해를 돕기 위한 추천 시스템의 정의
- 추천 시스템의 기본 기능들과 잘 알려진 추천 시스템에 대한 소개
- 평가 기법들의 중요성에 대한 강조

▌ 추천 시스템의 이해

링크드인이나 페이스북의 '알 수도 있는 사람'이란 기능에 대해 생각해본 적이 있을 것이다. 이 기능은 여러분의 친구 목록이나 여러분이 속한 그룹의 친구들의 친구, 지리적 위치나 특기, 동호회, '좋아요'를 누른 페이지 등을 바탕으로 우리가 알 만한 사람들을 추천해준다. 이러한 추천은 여러분만을 위한 것이며 사용자들 개인마다 다르다.

추천 시스템은 인터넷 쇼핑의 상품 추천, 유튜브 비디오 추천, 페이스북의 친구 추천, 아마존의 도서 추천, 온라인 뉴스 웹사이트에서의 뉴스 추천과 같은 제안을 해주는 프로그램이나 기법을 말하며 이러한 추천 시스템은 계속 늘어나는 추세다.

추천 시스템은 사용자가 웹으로 제공되는 여러 대안 중에서 하나를 선택하려고 할 때 더 나은 결정을 내릴 수 있도록 도와주는 것이 주요한 목적이다. 훌륭한 추천 시스템은 추천을 위해 검토 가능한 사용자의 디지털 흔적digital footprint이나 제품 관련 정보들(규격 사양, 사용자들의 의견, 다른 제품과의 비교 등)을 모두 고려해 사용자에게만 개인화된 추천을 제공한다.

▌ 이 책의 구성

이 책에서는 널리 사용되는 추천 시스템들을 배우게 될 것이다. 또한 예제 소스 코드를 사용해 추천 시스템을 만들면서 다양한 머신 러닝 기법들도 살펴본다.

이 책은 다음과 같이 다섯 개의 장으로 구성돼 있다.

- 1장, '추천 시스템 시작하기'에서는 협업 필터링 추천 시스템, 콘텐츠 기반 추천 시스템, 지식 기반 추천 시스템, 하이브리드 시스템Hybrid System과 같은 추천 시스템들을 소개한다. 또한 이 장에서는 간단한 정의와 함께 실생활에서의 예제를 살펴보고 실제로 추천 시스템을 구성하는 데 필요한 내용을 살펴본다.

- 2장, '추천 시스템에서 사용되는 데이터 마이닝 기법'에서는 일반적으로 추천 시스템에 널리 사용되는 다양한 머신 러닝Machine Learning에 대한 기본적인 개념과 어떻게 데이터 분석 문제를 해결하는지 살펴본다. 여기서는 유사도 측정Similarity Measures, 차원 축소Dimensionality Reduction, 데이터 마이닝Data Mining, 평가Evaluation 등의 데이터 전처리Data Preprocessing 기법들에 대한 내용을 포함한다. 유사도 측정에서는 유클리디안 거리Euclidean Distance, 코사인 거리Cosine Distance, 피어슨 상관 계수Pearson Correlation 등을 설명한다. 또한 K−평균 클러스터링K-means Clustering, 서포트 벡터 머신SVM, Support Vector Machine, 의사결정 나무Decision Tree, 배깅Bagging, Bootstrap Aggregating, 부스팅Boosting, 랜덤 포레스트Random Forest를 잘 알려진 차원 축소 기법인 PCAPrincipal Component Analysis와 함께 다룬다. 평가 기법에서는 교차 검증Cross Validation, 정규화Regularization, 혼동 매트릭스Confusion Matrix, 모델 비교Model Comparison를 간단히 다룬다.
- 3장, '추천 시스템'에서는 협업 필터링 추천 시스템과 사용자 기반 및 아이템 기반 추천 시스템을 recommenderlab R 패키지와 MovieLens 데이터 세트Dataset를 사용해 논의해볼 것이다. 또한 데이터를 탐색하고 데이터를 학습 데이터와 트레이닝 데이터로 나누며 이진화된 평점binary ratings을 포함한 모델 생성model building을 둘러볼 것이다. 이 장을 통해 여러분은 콘텐츠 기반 추천 시스템, 지식 기반 추천 시스템, 하이브리드 추천 시스템에 대한 개념을 이해할 수 있다.
- 4장, '추천 시스템의 평가'에서는 평가 방법 구성, 추천 시스템 평가, 매개변수parameter 최적화와 같은 추천 시스템 평가 기법을 알아본다.
- 5장, '사례 연구: 나만의 추천 시스템 만들기'에서는 R을 통해 실제로 데이터를 준비함으로써 평점 매트릭스Rating Matrix를 정의한 후 추천 시스템을 만들어 시스템을 평가해보고 최적화하는 방법을 알아본다.

협업 필터링 추천 시스템

협업 필터링Collaborative Filtering의 기본적인 아이디어는 이렇다. 만약 두 명의 사용자가 과거에 비슷한 관심사를 가지고 있다면, 다시 말해 두 명이 과거에 같은 책을 좋아했다면 그들은 미래에도 비슷한 취향을 가질 것이라는 얘기다. 예를 들어, 사용자 A와 사용자 B가 유사한 구매 이력을 갖고 있으며 최근에 사용자 A가 사용자 B가 본 적 없는 책을 구매했다면, 협업 필터링 추천 시스템은 이 책을 사용자 B에게 추천한다. 아마존의 도서 추천 시스템이 이러한 추천 시스템의 좋은 예다.

이러한 방식의 추천 시스템은 사용자 간의 선호도를 서로 고려해 많은 선택 사항들로부터 아이템을 걸러낸다. 그래서 이러한 시스템을 협업 필터링 추천 시스템이라고 한다.

협업 필터링 추천 시스템을 다루는 동안 우리는 다음과 같은 부분을 알아볼 것이다.

- 사용자 간 유사한 정도의 차이를 계산하는 방법
- 아이템 간 유사한 정도의 차이를 계산하는 방법
- 사용자 혹은 아이템에 대한 정보가 없는 새로운 데이터를 처리하는 방법

이러한 협업 필터링은 오직 사용자의 선호도만을 고려하며 아이템의 내용이나 특징들을 고려해 추천하지 않는다. 이러한 접근 방법은 더 정확한 결과를 위해 많은 데이터가 있어야 한다.

콘텐츠 기반 추천 시스템

콘텐츠 기반Content-based 추천 시스템은 아이템들과 사용자들 간의 유사도를 고려해 사용자들에게 아이템을 추천한다. 쉽게 말해보면, 콘텐츠 기반 추천 시스템은 사용자가 과거에 좋아했던 아이템들과 비슷한 제품들을 추천한다. 아이템 간의 유사도는 다른 짝지어진 아이템들과 관련한 특징들을 기초로 계산되고 사용자들의 선호 이력에 맞

게 적용된다.

예를 들어 사용자가 액션 장르의 영화에 긍정적인 점수를 부여했다고 가정하면, 시스템은 다른 액션 장르의 영화를 추천하도록 학습한다.

콘텐츠 기반 추천 시스템을 만들려면 다음과 같은 문제들을 고려한다.

- 아이템 간의 유사도를 어떻게 측정할 것인가?
- 사용자 프로필을 어떻게 생성하고 지속해서 업데이트할 것인가?

콘텐츠 기반 추천 시스템은 추천하는 과정에서 사용자의 주변 사용자들이 가진 선호도를 고려하지 않는다. 즉, 정확한 추천을 위해 주변 사용자들의 선호도 정보보다는 단지 사용자의 과거 선호도와 아이템의 속성 및 특징만을 고려해 추천한다.

▌ 지식 기반 추천 시스템

지식 기반Knowledge-based 추천 시스템은 사용자들의 구매 이력이 적은 경우에 사용된다. 이와 같은 추천 시스템의 알고리즘은 추천하기 전에 아이템의 특징과 명시적인 질문을 통해 획득한 사용자 선호도와 추천 범위 등 아이템들에 대한 정보를 고려해 추천한다. 모델의 정확도는 추천된 아이템이 얼마나 사용자에게 유용한가를 기반으로 평가된다. 구매 경험이 없는 사용자들에게 에어컨과 같은 가전 기기를 추천하는 추천 시스템을 만드는 시나리오를 예로 들어보자. 이러한 경우, 추천 시스템은 제품의 규격과 같은 사용자들로부터 획득한 추가 정보들로부터 생성된 아이템들의 특징이나 사용자 프로필을 고려한 후 추천하게 된다.

이러한 형태의 추천 시스템을 만들기 전에 다음과 같은 질문을 생각해본다.

- 어떤 종류의 정보들이 모델의 생성에 사용되는가?
- 어떻게 사용자 선호도를 명시적으로 획득할 것인가?

▌ 하이브리드 시스템

하이브리드 추천 시스템Hybrid System을 만들 때는 더욱 견고한 시스템을 만들기 위해 다양한 형태의 추천 시스템을 결합해 만든다. 다양한 추천 시스템을 결합해 어느 한 시스템의 단점을 다른 한 시스템의 장점으로 보완할 수 있고 더욱 견고한 시스템을 만들수 있다. 예를 들어, 새로운 아이템에 대한 평점이 없으면 추천 성능이 떨어지게 되는 협업 필터링과 아이템의 특징에 대한 정보를 이용할 수 있는 정보 기반 추천 시스템을 결합하면 더욱 정확하고 효율적으로 새로운 아이템들을 추천할 수 있다.

이러한 형태의 하이브리드 모델을 만들기 전에 다음과 같은 문제들을 고려해본다.

- 특정 비즈니스의 문제를 해결하기 위해 어떤 기법들을 결합할 것인가?
- 더 나은 예측을 위해 어떻게 다양한 기법들과 결과를 조합할 것인가?

▌ 평가 기법

실제로 추천 시스템을 사용자들에게 적용하기 전에 어떻게 시스템이 효율적이고 정확한지 확인할 수 있을까? 어떤 기준으로 시스템이 좋다고 할 수 있을까? 이전에 설명한 것과 같이, 모든 형태의 추천 시스템은 더 적절하고 유용한 아이템을 사용자들에게 추천하는 것을 목적으로 한다. 현재 추천 시스템의 정확도를 향상하기 위해 추천 시스템을 평가하는 새로운 방법들에 대한 많은 연구가 진행되고 있다.

4장, '추천 시스템의 평가'에서는 평가 시스템을 만드는 방법, 실제 추천 시스템을 평가하는 방법과 매개변수 최적화를 포함해 추천 시스템을 평가하기 위해 사용되는 다양한 형태의 평가 지표evaluation metrics를 알아볼 것이다. 또한 이 장에서는 추천 시스템을 설계하고 개발할 때 평가 시스템이 얼마나 중요한지 알아보고, 획득 가능한 아이템들의 정보와 제시된 문제를 기초로 알고리즘을 선택하기 위한 가이드라인의 중요성을 살펴본다.

사례 연구

5장, '사례 연구: 나만의 추천 시스템 만들기'에서는 사례 연구를 하고 다음과 같은 절차에 따라 추천 시스템을 만들어볼 것이다.

1. 실생활의 사례를 살펴보고 제시된 문제를 파악하고 그 영역을 이해한다.
2. 그 후 자료 수집, 데이터 출처 확인, 데이터 전처리를 수행한다.
3. 다음으로 추천 시스템에 적합한 알고리즘을 선택한다.
4. 설계와 개발의 관점을 고려해 모델을 생성한다.
5. 마지막으로 추천 시스템을 평가하고 테스트한다.

추천 시스템은 R을 사용해 구현하며, 코드 예제도 제공된다. 이 장을 마치면 자신만의 추천 시스템을 만들 수 있는 자신감을 얻게 될 것이다.

다음 단계

마지막 장에서는 책의 내용과 주요 주제를 요약하고, 여러분이 다음 단계로 진행해야 할 연구 과제들을 언급한다. 그리고 추천 시스템 분야에서 현재 진행 중인 연구 주제와 진행 사항들을 간단히 살펴본다. 또한 이 책에 사용된 참고 서적 목록과 온라인 자료들을 제시한다.

요약

이 장에서는 가장 많이 사용되는 추천 시스템들을 알아봤고, 다음 장에서는 추천 시스템에 사용되는 다양한 머신 러닝 방법들을 알아볼 것이다.

02

추천 시스템에서 사용되는 데이터 마이닝 기법

추천 시스템을 만들어보는 것이 이 책의 주된 목적이지만, 널리 사용되는 데이터 마이닝 기법을 살펴보는 것은 추천 시스템을 만드는 과정을 시작하기 전에 필요한 단계다. 이 장에서는 추천 시스템에서 널리 이용되는 데이터 전처리 기법Data Preprocessing, 데이터 마이닝 기법, 데이터 평가 기법Data Evaluation을 배우게 될 것이다. 이 장의 첫 부분은 어떻게 데이터 분석 문제를 해결하는지 설명하고, 이어서 유사도 측정Similarity Measure과 차원 축소Dimensionality Reduction 같은 데이터 전처리 기법에 관해 설명한다. 그다음으로는 데이터 마이닝 기법과 평가 기법을 다룰 것이다.

유사도 측정에서는 다음 내용을 다룬다.

- 유클리디안 거리
- 코사인 거리

- 피어슨 상관 계수

차원 축소 기법에서는 다음 내용을 다룬다.

- 주성분 분석

데이터 마이닝 기법에서는 다음 내용을 다룬다.

- K-평균 클러스터링
- 서포트 벡터 머신
- 앙상블 기법: 배깅, 부스팅, 랜덤 포레스트

▌ 데이터 분석 문제 해결하기

데이터 분석 문제들은 다음과 같은 단계들을 포함한다.

- 비즈니스의 문제 파악하기
- 해당 분야 전문가의 도움으로 비즈니스의 문제 영역 이해하기
- 데이터 출처를 파악하고 분석에 적절한 변수 파악하기
- 결측치Missing Value 제거, 정성적Quantitative과 정량적Qqualitative 변수 구분하기, 데이터 변환Data Transformation과 같은 데이터 전처리나 데이터 정제Data Cleansing 작업하기
- 데이터를 이해하기 위해 상자 그림Box Plot이나 히스토그램Histogram을 통한 탐색적 분석Exploratory Analysis하기
- 데이터의 성격을 이해하기 위해 변수 간의 평균Mean, 중앙값Median, 최빈값Mode, 분산Variance, 표준 편차Standard Deviation, 상관관계Correlation, 공분산Covariance 등의 기본적인 통계치 확인하기
- 데이터를 트레이닝 데이터Training Data와 테스트 데이터Testing Data로 나누고 트레

이닝 데이터를 가지고 머신 러닝 알고리즘들을 적용한 모델에 교차 검증^{Cross} Validation 기법 적용하기

- 새로운 모델을 평가하기 위해 테스트 데이터를 이용해 모델 검증. 검증 단계의 결과에 따라 모델 성능 개량 진행하기
- 결과를 시각화하고 실시간 예측을 위해 모델 배포하기

다음 그림은 데이터 분석 문제를 해결하는 방법을 보여준다.

데이터 분석 절차

▌ 데이터 전처리 기법

데이터 전처리 과정은 데이터 분석 문제를 해결하는 과정에서 매우 중요한 절차다. 모델의 정확도는 대부분 데이터의 품질에 따라 달라진다. 일반적으로 데이터 전처리 과정은 데이터 정제, 변환, 결측치 확인, 처리 방법을 포함한다. 머신 러닝 알고리즘에는 이러한 전처리 과정을 거친 자료만이 사용될 수 있다. 이번 절에서는 주로 데이터 전처리 기법들을 다룰 것이다. 이러한 기법들은 유사도 측정(유클리디안 거리, 코사인 거리, 피어슨 상관 계수)과 추천 시스템에서 널리 사용되는 PCA와 같은 차원 축소 기법들을 포함한다. PCA 외에도 SVD^{Singular Value Decomposition} 같은 차원 축소 방법이 있지만 여기서는 PCA에 대해서만 알아본다.

유사도 측정

이전 장에서 다뤘던 것처럼 모든 추천 시스템은 사용자와 아이템 간의 유사도를 고려해 작동한다. 이번 절에서는 유클리디안 거리, 코사인 거리, 피어슨 상관 계수와 같은 유사도 측정 방법들을 알아볼 것이다.

유클리디안 거리

두 아이템 간의 유사도를 계산하는 가장 간단한 방법은 유클리디안 거리^{Euclidean Distance}를 계산하는 것이다. 데이터 세트에서 두 점 혹은 사물 간의 유클리디안 거리는 다음과 같은 식으로 정의된다.

$$\text{Euclidean Distance}(\text{x,y}) = \sqrt{\sum_{i=1}^{n}\left|x_i - y_i\right|^2}$$

이 방정식에서 (x, y)는 두 개의 연속적인 데이터며, n은 데이터 세트의 자료들의 개수다.

유클리디안 거리를 계산하는 R 코드는 다음과 같다.

```
x1 <- rnorm(30)
x2 <- rnorm(30)
Euc_dist = dist(rbind(x1,x2) ,method="euclidean")
```

코사인 거리

코사인 유사도는 내적 공간Inner Product Space의 두 벡터 유사도 값으로 벡터 사이의 코사
인 값이다. 코사인 유사도는 다음과 같이 정의된다.

$$similarity = \cos(\theta) = \frac{A \cdot B}{\|A\|\|B\|}$$

코사인 거리Cosine Distance를 계산하기 위한 R 코드는 다음과 같다.

```
vec1 = c( 1, 1, 1, 0, 0, 0, 0, 0, 0, 0, 0, 0 )
vec2 = c( 0, 0, 1, 1, 1, 1, 1, 0, 1, 0, 0, 0 )
library(lsa)
cosine(vec1,vec2)
```

이 식에서 x는 데이터 세트의 모든 변수 값을 담고 있는 매트릭스다. cosine 함수는
lsa 패키지에 포함돼 있다.

피어슨 상관 계수

두 상품 간의 유사도는 변수들 간의 상관관계를 구하는 것으로도 얻을 수 있다. 피어슨
상관 계수Pearson Correlation는 두 변수의 공분산 값을 변수들의 표준 편차의 곱으로 나눠
구하며 가장 널리 사용되는 상관 계수 중 하나다.

$$\rho_{X,Y} = \frac{\mathrm{cov}(X,Y)}{\sigma_X \sigma_Y}$$

R 소스 코드는 다음과 같다.

```
Coef = cor(mtcars, method="pearson")
```

mtcars 데이터 세트는 R 기본 내장 데이터 세트다.

경험적 연구에서 볼 때 피어슨 상관 계수는 다른 유사도 측정 방식보다 사용자 기반 협업 필터링 추천 시스템에서 뛰어난 성능을 보인다. 또한 기존 연구들에 따르면, 코사인 유사도는 아이템 기반 협업 필터링에서 일관되게 좋은 성능을 보여준다.

차원 축소

추천 시스템을 구성하는 동안 직면하는 가장 일반적인 문제점 중 하나는 고차원[High Dimensional]이며 희소한[Sparse] 데이터들이다. 다시 말해, 많은 경우에 우리는 데이터가 매우 많은 특징들을 가지며 데이터 세트 내부에 매우 적은 데이터 포인트가 존재하는 상황에 직면하게 된다. 이러한 데이터에 분석 모델을 적용할 경우 모델의 예측 능력은 현저하게 낮아지며, 이러한 문제를 '차원의 저주[The curse of dimensionality]'라 부른다. 일반적으로 차원 축소[Dimensionality Reduction]의 한 가지 형태로 알려진 희소한 데이터 세트에 데이터를 추가하거나 특징 선택을 축소하는 방식으로도 차원의 저주를 감소시키는 효과를 얻을 수 있다. 이번 장에서는 '차원의 저주'를 감소시키기 위해 사용되는 차원 축소 기법 중 널리 사용되는 주성분 분석에 대해 알아본다.

주성분 분석

주성분 분석PCA은 차원 축소를 위한 전통적인 통계 기법으로 주성분 분석 알고리즘을 적용해 고차원의 데이터 공간을 더 낮은 차원으로 변환한다. 이 알고리즘은 선형적으로 m 차원의 입력 공간을 n 차원($m>n$)의 출력 공간으로 변환하며, (m-n)만큼의 차원을 포기하면서 발생하는 분산 값/정보의 손실을 최소화하는 것을 목표로 한다. 주성분 분석을 수행하면 변수들이나 특징들이 더 낮은 분산 값을 갖게 된다.

기법적으로 말하자면, 주성분 분석은 주성분principal component이라 불리는 선형적으로 상관관계가 없는 변수들의 값들에 매우 큰 상관관계를 가진 변수들을 정투영orthogonal projection한다.

주성분의 개수는 데이터의 원래 변수 개수와 같거나 작으며, 이 선형 변환은 첫 번째 주성분이 가장 큰 분산 값을 갖도록 하는 형태로 정의된다. 이는 높은 상관관계를 가진 특징들을 고려해 데이터의 가능한 한 많은 변동성을 설명한다. 다음 구성 요소들은 첫 번째 주성분과 상관관계가 적고 이전의 주성분과 직교를 이루는 특징을 사용해 주성분 다음으로 가장 높은 분산 값을 갖는 특성을 지닌다.

쉽게 설명하기 위해, 두 개의 특징이 다른 세 번째 특징보다 더 높은 상관관계를 갖는 3차원의 데이터를 가정해보자. 이 데이터를 PCA를 사용해 2차원 공간으로 축소하길 원한다. 첫 번째 주성분은 데이터의 두 개의 상관관계가 높은 변수들을 사용해 최대한의 분산을 갖도록 하는 방식으로 생성된다. 다음의 그래프에서 첫 번째 주성분(긴 빨간색 점선)이 데이터의 가장 큰 분산 값을 설명하는 값이다. 두 번째 주성분을 찾기 위해 가장 큰 분산 값을 갖고 첫 번째 주성분과 직교하는 또 다른 선을 찾아야 한다. PCA의 구현과 기법에 대한 상세한 설명은 이 책의 범위를 넘어서므로, 여기서는 R에서 어떻게 사용되는지 살펴본다.

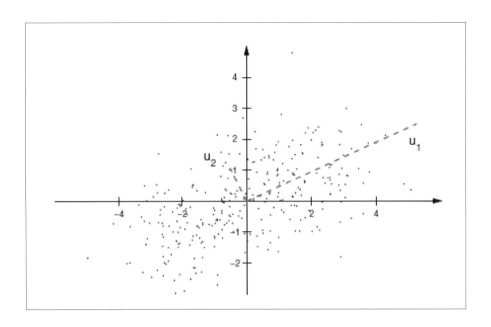

여기서는 USArrests 데이터 세트를 사용해 PCA를 설명해본다. USArrests 데이터 세트는 미국 내 50개 주의 10만 명당 살인^{Murder}, 폭행^{Assult}, 강간^{Rape} 등의 범죄 관련 통계와 도시 인구 비율^{UrbanPop}을 포함하고 있다.

```
> # PCA
> data(USArrests)
> rownames(USArrests)
 [1] "Alabama"    "Alaska"     "Arizona"    "Arkansas"    "California"
> names(USArrests)
[1] "Murder"   "Assault"  "UrbanPop" "Rape"
```
> # USArrests 데이터 세트의 열에 apply 함수를 사용해 각각의 변수가 어떻게 퍼져 있는지 보기 위해 분산을 구해본다
```
> apply(USArrests, 2, var)
    Murder    Assault   UrbanPop     Rape
 18.97047 6945.16571  209.51878  87.72916
```
> # Assault가 가장 큰 분산 값을 갖고 있음을 확인할 수 있다. PCA를 적용하는 동안 정규화는 중요한 단계임에 유의한다

```
> # 정규화 작업을 거친 후 PCA를 적용한다
> pca <- prcomp(USArrests , scale =TRUE)
> pca

Standard deviations:
[1] 1.5748783 0.9948694 0.5971291 0.4164494

Rotation:
                PC1         PC2         PC3         PC4
Murder   -0.5358995   0.4181809  -0.3412327   0.64922780
Assault  -0.5831836   0.1879856  -0.2681484  -0.74340748
UrbanPop -0.2781909  -0.8728062  -0.3780158   0.13387773
Rape     -0.5434321  -0.1673186   0.8177779   0.08902432
> # PCA 결과 값들에 대해 알아본다
> names(pca)
[1] "sdev"      "rotation" "center"    "scale"      "x"
> # pca$rotation을 통해 각 변수들의 비율을 설명하는 주성분들의 로딩 매트릭스를 확인할 수 있다
> # 이제 biplot 그래프를 이용해 pca의 결과를 해석해본다. bigplot은 각 변수들의 두 개 주성분의 비율
을 사용한다
> # 다음 코드는 biplot의 방향을 변경한다. 만약 다음 두 줄의 코드를 포함하지 않으면 그래프는 거울에 비
친 것처럼 마주 볼 것이다
> pca$rotation=-pca$rotation
> pca$x=-pca$x
> biplot (pca , scale =0)
```

코드를 실행한 결과는 다음과 같다.

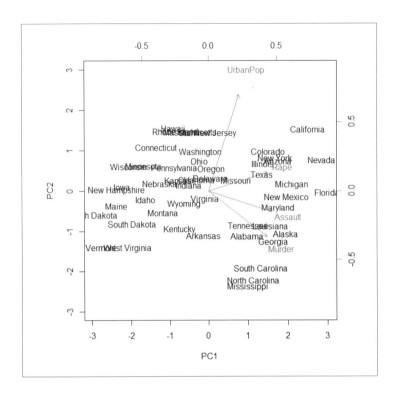

biplot 결과 이미지에서 USArrests 데이터 세트의 두 개 주성분(PC1, PC2)을 확인할 수 있다. 빨간색 화살표는 로딩 벡터로 주성분 벡터를 따라 변수들이 어떻게 분포하는 지를 나타낸다.

그래프에서 PC1은 Rape, Assault, Murder라는 세 개의 변수들이 같은 방향으로 근접해 위치하고 있는 것을 볼 수 있다. 이는 이 세 개의 변수가 다른 하나인 UrbanPop보다 서로 상관관계가 더 높음을 의미한다. PC2는 UrbanPop에 높은 가중치를 두지만, 다른 나머지 세 개의 변수와 다른 방향에 위치하고 있으므로 상관관계가 낮다.

█ 데이터 마이닝 기법

이제부터는 K-평균 클러스터링, 서포트 벡터 머신, 의사결정 나무, 배깅, 부스팅, 랜덤 포레스트와 같이 데이터 마이닝 분야에서 널리 사용되는 알고리즘들을 살펴본다.

█ 클러스터링 분석

클러스터링 분석Cluster Analysis 기법은 한 그룹의 객체들을 다른 그룹보다 더 유사한 객체들로 구성해 그룹 짓는 방식으로 데이터를 그룹화하는 분류 기법이다.

예를 들어, 다음 그림에서와 같이 여행 포털에서 유사한 형태로 예약한 고객을 구별해 그룹화하는 것이다.

위의 예시에서 각각의 그룹을 클러스터라 하며, 각각의 클러스터 구성원data point들은 그들이 속한 그룹의 사용자들과 유사한 특성을 지닌다.

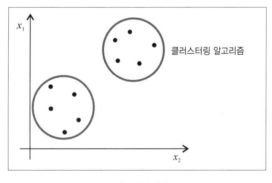

클러스터링 분석

클러스터링 분석은 비지도 학습Unsupervised Learning 기법이다. 회귀 분석Regression Analysis과 같은 지도 학습Supervised Learning은 입력 변수Input Variable와 반응 변수Response Variable를 가지며, 입력 변수에 통계적 모형을 적용해 반응 변수를 예측한다. 그러나 비지도 학습 기법에는 예측을 위한 어떠한 반응 변수도 존재하지 않으며 오직 입력 변수들만이 존재한다. 그래서 입력 변수가 반응 변수들을 예측하도록 설계하는 대신에 데이터 세트 안에서 특정한 패턴을 찾도록 노력한다. 클러스터링 알고리즘으로는 계층적 클러스터링 분석Hierarchical Cluster Analysis, K-평균 클러스터링 분석K-means Cluster Analysis, 2단계 클러스터링 분석Two-step Cluster Analysis 등이 널리 알려져 있으며, 다음 절에서는 K-평균 클러스터링 기법을 알아볼 것이다.

K-평균 클러스터링

K-평균 클러스터링K-means Clustering 기법은 비지도 학습 기법으로 데이터로부터 K개의 클러스터를 갖도록 하는 반복적 알고리즘Iterative Algorithm이다.

1. 클러스터 할당 단계Cluster Assignment Step: 이 단계에서는 임의의 두 개 클러스터 포인트를 선택(빨간색 점과 녹색 점)하고 각각의 데이터 포인트들을 자신과 가까운 클러스터 포인트로 할당한다(아래 그림의 상단 부분).
2. 중심 이동 단계Move Centroid Step: 이번 단계에서는 각 클러스터의 데이터 포인트의 평균을 구해 계산된 지점으로 중심점Centroid을 이동한다(아래 그림의 하단 부분).

위의 두 단계를 모든 데이터 포인트가 두 개 그룹으로 나뉘고 데이터 포인트의 평균값과 중심점이 같아져서 중심점의 이동이 더 이상 없을 때까지 반복한다.

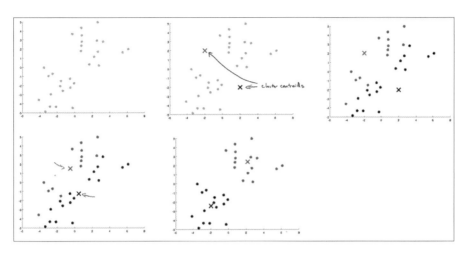

K-평균 클러스터링 분석

위의 이미지는 클러스터링 알고리즘이 어떻게 클러스터를 구성해나가는지 보여준다. iris 데이터 세트를 이용해 K−평균 클러스터링을 R 코드로 구현해본다.

```
# K-평균 클러스터링
library(cluster)
data(iris)
iris$Species = as.numeric(iris$Species)
kmeans<- kmeans(x=iris, centers=5)
clusplot(iris,kmeans$cluster, color=TRUE, shade=TRUE,labels=13, lines=0)
```

위의 R 코드를 실행한 결과는 다음과 같다.

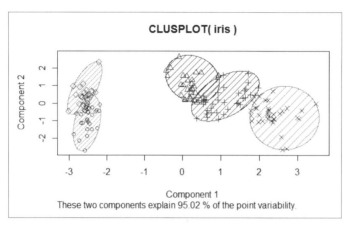

클러스터 분석 결과

위의 이미지는 iris 데이터 세트의 클러스터를 보여주며, 클러스터들을 통해 95% 정도의 데이터를 설명할 수 있다. 위의 예제에서 클러스터의 개수 K 값은 Elbow 기법(팔꿈치와 같이 급격히 꺾이는 점을 찾아 모델 생성에 사용할 변수의 개수를 정하는 기법)을 사용해 다음과 같은 방법으로 구할 수 있다.

```
library(cluster)
library(ggplot2)
data(iris)
iris$Species = as.numeric(iris$Species)
cost_df <- data.frame()
for(i in 1:100){
kmeans<- kmeans(x=iris, centers=i, iter.max=50)
cost_df<- rbind(cost_df, cbind(i, kmeans$tot.withinss))
}
names(cost_df) <- c("cluster", "cost")
# Elbow 기법으로 유휴한 클러스터의 수를 식별한다
# 비용 그래프
ggplot(data=cost_df, aes(x=cluster, y=cost, group=1)) +
```

```
theme_bw(base_family="Garamond") +
geom_line(colour = "darkgreen") +
theme(text = element_text(size=20)) +
ggtitle("Reduction In Cost For Values of 'k'\n") +
xlab("\nClusters") +
ylab("Within-Cluster Sum of Squares\n")
```

다음 그림은 K 값에 따른 비용 감소를 보여준다.

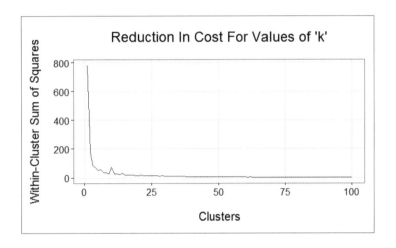

위의 그림을 통해 클러스터의 개수가 다섯 개인 지점에서 비용 함수의 방향이 급격히 바뀌는 것을 확인할 수 있다. 따라서 클러스터의 개수를 5로 정하고, 그래프가 꺾이는 지점Elbow Point에서 적당한 클러스터의 수를 결정하게 되므로 이를 Elbow 기법이라 한다.

서포트 벡터 머신

서포트 벡터 머신SVM, Support Vector Machine은 지도 학습 알고리즘으로 분류 문제를 해결하는 경우 사용되며, 일반적으로 분류 문제를 해결하는 데 가장 좋은 알고리즘 중 하나로 여겨진다. 트레이닝 데이터가 두 가지 카테고리 중 한 곳에 속하는 구성을 가진다면,

SVM 트레이닝 알고리즘은 새로운 입력 값을 어느 한쪽의 카테고리로 할당하는 모델을 생성한다. 이 모델은 데이터들을 각 카테고리의 데이터들이 경계 지역에 가능한 한 넓은 여백을 갖도록 공간상에 점으로 표현한 것이며 다음 그림과 같다. 그리고 새로운 데이터들이 입력되면 같은 공간상에서 데이터가 속한 곳의 여백을 기초로 해서 어느 카테고리에 속하게 되는지 예측된다. 여기서는 복잡한 수식을 다루지 않고 간략한 개요를 살펴보며 실제로 SVM을 구현해볼 것이다.

SVM을 p 차원의 데이터 세트에 적용할 때 데이터들은 p−1 차원의 초평면상에 표현되며, 알고리즘은 각각의 분류들 사이에 충분한 여백의 공간을 확보하도록 하는 명확한 경계선을 찾아낸다. 다른 분류 알고리즘들과는 다르게 SVM은 데이터들을 구분하는 경계를 만들어내며, 다음 그림에서 보는 것과 같이 최대한의 여백을 갖는 경계선을 찾도록 한다.

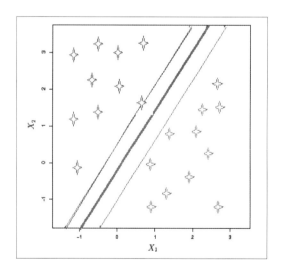

위의 그림과 같이 두 개의 분류 값을 갖는 2차원의 데이터를 생각해보자. SVM 알고리즘을 적용할 때, 먼저 모든 데이터 포인트들을 표시할 수 있는 1차원 초평면이 존재하는지 확인한다. 만약 그러한 초평면이 존재한다면, 이 선형 분류기^{linear classifier}는 그룹을 경계 짓는 여백을 포함해 카테고리를 구분하는 의사결정을 위한 경계선을 만든다.

위의 그림에서 빨간색의 굵은 선이 의사결정 경계며, 이 경계 좌우의 파란색과 빨간색의 가는 선들은 공간으로 분류된 그룹들이 갖는 여백 공간이다. 새로운 데이터를 분류 예측할 때, 입력 값은 두 카테고리 중 한쪽으로 분류될 것이다.

여기서 핵심적인 사항은 다음과 같다.

- 무한한 수의 초평면을 생성할 수 있지만, SVM은 최대한의 여백 공간을 갖도록 하는 오직 단 한 개만의 초평면을 선택한다. 다시 말해, 경계를 짓는 초평면은 트레이닝 데이터들로부터 가장 멀리 있는 유일한 초평면이다.

- 분류기는 오직 초평면의 경계 지역에 위치한 데이터 지점들에만 의존한다. 즉, 위의 그림에서 가는 경계선 및 가장 가까운 데이터와만 관계가 있으며 데이터 세트의 다른 관측치들과는 관계가 없다. 이러한 데이터 점들을 서포트 벡터^{Support Vectors}라 한다.

- 의사결정 경계는 오직 서포트 벡터에만 영향을 받으며 경계 밖에 위치한 다른 관측치들에는 영향을 받지 않는다. 서포트 벡터가 아닌 데이터의 위치를 변경하더라도 의사결정 경계에는 아무런 영향이 없다. 하지만 서포트 벡터의 위치가 변한다면, 의사결정 경계 역시 달라진다.

- 트레이닝 데이터의 가장 넓은 여백 공간은 테스트 데이터에서도 테스트 데이터를 정확하게 분리하도록 하는 가장 넓은 여백 공간이다.

- SVM은 비선형 데이터 세트^{Non-linear Dataset}에도 잘 작동한다. 이러면 방사형 커널 함수^{Radial Kernel Function}를 사용한다.

iris 데이터 세트상에서 SVM을 구현한 다음의 R 코드를 본다. 여기서는 e1071 패키지를 사용해 SVM을 실행할 것이며, R에서 e1071 패키지의 SVM 함수는 서포트 벡터 머신을 구현하는 내용을 포함하고 있다.

그리고 SVM이 tune 함수 내부에서 호출돼 비용 함수에 다양한 인수 값들을 사용함으로써 교차 검증을 수행하는 것을 볼 수 있다.

교차 검증은 아직 보지 못한 데이터에 테스트를 진행하기 전에 예측 모델의 정확도를 평가하기 위해 사용된다.

```
> #SVM
> library(e1071)
> data(iris)
> sample = iris[sample(nrow(iris)),]
> train = sample[1:105,]
> test = sample[106:150,]
> tune =tune(svm,Species~.,data=train,kernel ="radial",scale=FALSE,ranges
=list(cost=c(0.001,0.01,0.1,1,5,10,100)))
> tune$best.model

Call:
best.tune(method = svm, train.x = Species ~ ., data = train, ranges =
list(cost = c(0.001,    0.01, 0.1, 1, 5, 10, 100)), kernel = "radial", scale
= FALSE)

Parameters:
SVM-Type:  C-classification
SVM-Kernel:  radial
cost:  10
gamma:  0.25

Number of Support Vectors:  25

> summary(tune)

Parameter tuning of 'svm':
- sampling method: 10-fold cross validation
- best parameters:
cost
10
- best performance: 0.02909091
- Detailed performance results:
```

```
cost     error dispersion
1 1e-03 0.72909091 0.20358585
```

```
[ 21 ]
2 1e-02 0.72909091 0.20358585
3 1e-01 0.04636364 0.08891242
4 1e+00 0.04818182 0.06653568
5 5e+00 0.03818182 0.06538717
6 1e+01 0.02909091 0.04690612
7 1e+02 0.07636364 0.08679584
```

```
> model = svm(Species~.,data=train,kernel ="radial",cost=10,scale=FALSE)
# summary(tune)의 결과로부터 cost =10을 선택했다
```

tune$best.model 객체를 통해 비용 함수의 인수가 10일 때 모델이 가장 좋은 성능을 발휘하며 이때 총 서포트 벡터의 수가 25인 것을 알 수 있다.

```
pred = predict(model,test)
```

▌ 의사결정 나무

의사결정 나무Decision Tree는 간단하고 빠르며 트리 구조 형태의 지도 학습 알고리즘으로 분류 문제를 해결하는 알고리즘이다. 이 알고리즘은 다른 로지스틱 회귀 분석Logistic Regression 방법들에 비해 다소 성능이 낮음에도 불구하고 추천 시스템을 다룰 때 꽤 쓸모가 있다.

예를 들어 의사결정 나무를 정의해본다. iris 데이터 세트에서 꽃잎^{petal}과 꽃받침^{sepal}의 폭^{width}과 길이^{length} 같은 특징들을 바탕으로 꽃의 종류를 분류하는 상황을 가정하고 이러한 문제를 해결하는 방법으로 의사결정 나무를 적용해본다.

1. 알고리즘을 시작할 때 모든 데이터를 활용한다.
2. 다음으로 데이터들을 두 분류로 나눌 수 있는 적당한 질문이나 변수를 선택한다. 우리가 사용한 예시의 경우, 꽃잎의 길이가 Petal.Length 〉 2.45이거나 〈= 2.45인 경우로 나눌 것이다. 이는 다른 꽃들로부터 setosa 종류를 구분하는 기준이 된다.
3. 이번에는 Petal.length 〉 2.45인 데이터들을 다음 그림과 같이 같은 변수인 꽃잎의 길이가 Petal.length 〈 4.85인 경우와 〉= 4.85인 경우로 추가로 분류한다.
4. 이와 같은 데이터 분류를 의사결정 나무 제일 하단의 데이터들이 각각의 반응변수를 나타내거나 데이터를 더는 논리적으로 분류할 수 없을 때까지 계속해서 수행한다.

다음 그림에서 의사결정 나무는 한 개의 루트 노드^{root node}와 데이터가 분류되는 세 개의 내부 노드^{internal node}, 그리고 더 이상 분류를 진행할 수 없는 다섯 개의 단말 노드^{terminal node}를 갖는다. 이는 다음과 같이 정의될 수 있다.

- Petal.Lengh 〈 2.45가 루트 노드
- Petal.Length 〉 4.85, Sepal.Length 〈 5.15와 Petal.Width 〈 1.75는 내부 노드
- 꽃들의 분류 값을 갖는 단말 노드들
- 각 노드를 연결하는 의사결정 나무의 가지 노드들

다음 그림과 같이 생성된 모델을 사용해 새로운 데이터들을 분류할 때 각각의 입력 데이터는 질문에 따라 특정 노드로 분류되고 논리적인 방식을 통해 분류된다.

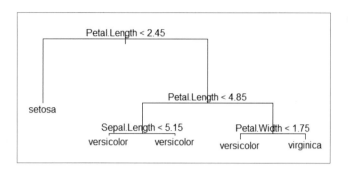

다음은 CRAN^Comprehensive R Archive Network에서 다운로드해 설치한 tree 패키지로 iris 데이터 세트를 가지고 의사결정 나무를 구현하는 R 코드다.

summary 함수를 통해 모델의 정확도를 나타내는 오분류 비율^Misclassification Rate이 0.0381임을 알 수 있다.

```
> library(tree)
> sample = iris[sample(nrow(iris)),]
> train = sample[1:105,]
> test = sample[106:150,]
> model = tree(Species~.,train)
> summary(model)

Classification tree:
tree(formula = Species ~ ., data = train)
Variables actually used in tree construction:
[1] "Petal.Length" "Petal.Width"  "Sepal.Length"
Number of terminal nodes:  6
Residual mean deviance:  0.1691 = 16.74 / 99
Misclassification error rate: 0.0381 = 4 / 105
> # 의사결정 나무 표 그리기
> plot(model)
> text(model)
> pred = predict(model,test[,-5],type="class")
> pred
```

```
 [1] versicolor setosa      setosa      virginica  versicolor virginica
setosa      setosa
 [9] setosa      versicolor setosa      setosa      virginica  versicolor
virginica  versicolor
[17] setosa      setosa      versicolor setosa      versicolor setosa
versicolor virginica
[25] virginica  virginica  versicolor versicolor versicolor setosa
setosa      virginica
[33] virginica  virginica  setosa      setosa      versicolor virginica
versicolor versicolor
[41] virginica  setosa      setosa      versicolor virginica
Levels: setosa versicolor virginica
```

▌ 앙상블 기법

데이터 마이닝 분야에서는 앙상블 기법Ensemble Methods을 사용한다. 즉, 다양한 통계적 문제를 해결하는 과정에서 더 나은 예측 성능을 위해 단일의 학습 모델을 적용하기보다는 다양한 학습 모델을 사용하는 것이다. 여기서는 배깅, 부스팅, 랜덤 포레스트와 같은 널리 알려진 앙상블 기법들을 살펴본다.

배깅

배깅Bagging은 Bootstrap Aggregating의 준말로 머신 러닝 알고리즘의 안정성과 정확도를 향상하기 위해 설계됐다. 배깅 기법은 오버피팅Overfitting을 피하고 알고리즘의 안정성을 높일 목적으로 사용되며 주로 의사결정 나무와 함께 사용된다.

배깅은 데이터 세트로부터 부트스트랩Bootstrap해 샘플 데이터를 임의로 생성하는 과정과 각각의 모델들을 트레이닝하는 과정을 동반한다. 그 후 모든 반응 변수를 집계 Aggregating하는 과정과 평균화Averaging하는 과정을 통해 예측을 진행한다.

- $i=1\ldots n$인 n개의 데이터를 포함하는 데이터 세트 (Xi, Yi)를 가정해본다.
- 이제 부트스트랩 기법을 사용해 원시 데이터로부터 B 샘플을 복원 추출한다.
- 다음으로는 B 샘플을 회귀 분석이나 분류 모델로 각각 트레이닝한다. 그리고 회귀 분석의 경우 생성된 모델들의 결과 값들은 평균화 과정을 거쳐 테스트 데이터 세트로 예측을 진행한다. 또한 분류 문제의 경우 B 샘플 중 가장 빈번하게 나타나는 모델을 선택해 진행한다.

랜덤 포레스트

랜덤 포레스트는 지도 학습 알고리즘으로 배깅과 비슷한 형태로 설계되지만, 그보다는 간단하게 사용할 수 있는 방법이다. 배깅에서 부트스트랩 기법을 사용해 생성된 B 샘플의 전체 변수를 사용하는 것과 달리, 랜덤 포레스트에서는 B 샘플들 각각의 전체 변수 중 임의의 적은 수의 예측 변수들만을 선택해 사용한다. 이렇게 선택된 변수들은 모델을 트레이닝하는 데 사용된다. 각 샘플의 예측 변수 개수는 $m=\sqrt{p}$(단, p는 원시 데이터의 전체 변수의 수)의 식으로 결정된다.

다음은 랜덤 포레스트의 중요한 부분들이다.

- 이러한 접근 방식은 매 연산 시 모든 변수를 사용하는 것 대신에 데이터 세트에서 의도적으로 일부 변수들을 선택함으로써 일부 주요 예측 변수들에 큰 영향력을 미치는 문제를 감소시킨다.
- 또한 이 접근 방식은 변수들 간의 상관관계를 완화해 변동성을 낮추고 모델의 안정성을 높일 수 있다.

CRAN의 randomForest 패키지를 다운로드한 후 사용해 iris 데이터 세트에서 랜덤 포레스트를 R 코드로 구현한 내용을 참조해본다.

```
> #randomForest
> library(randomForest)
> data(iris)
> sample = iris[sample(nrow(iris)),]
> train = sample[1:105,]
> test = sample[106:150,]
> model = randomForest(Species~.,data=train,mtry=2,importance=TRUE,proximit
y=TRUE)
> model

Call:
 randomForest(formula = Species ~ ., data = train, mtry = 2, importance =
TRUE,       proximity = TRUE)
               Type of random forest: classification
                     Number of trees: 500
No. of variables tried at each split: 2

        OOB estimate of  error rate: 6.67%
Confusion matrix:
          setosa versicolor virginica class.error
setosa        36          0         0   0.0000000
versicolor     0         29         3   0.0937500
virginica      0          4        33   0.1081081
> pred = predict(model,newdata=test[,-5])
> pred
       145           25           98           97            4           56           72
21          74
 virginica     setosa versicolor versicolor       setosa versicolor versicolor
setosa versicolor
        95           34           33           37          119           47           89
66           7
versicolor     setosa       setosa       setosa  virginica       setosa versicolor
versicolor     setosa
       126           51           94           58           55          140          129
87           8
```

```
  virginica versicolor versicolor versicolor versicolor  virginica  virginica
versicolor      setosa
        40         81         19         90         29        124        105
116        118
   setosa versicolor         setosa versicolor         setosa  virginica  virginica
virginica  virginica
       112          3        104         82         80        139         49
108         65
  virginica        setosa  virginica versicolor versicolor  virginica       setosa
virginica versicolor
Levels: setosa versicolor virginica
```

부스팅

부스팅에서는 여러 개의 부트스트랩 샘플들을 생성하는 배깅 기법과는 다르게 데이터 세트에 적합한 새로운 모델들이 만들어지고, 그 후 각각의 모든 모델을 결합해 하나의 예측 모델을 생성한다. 이때 새 모델은 이전 모델의 정보를 활용해 생성되며 부스팅은 다음의 두 가지 단계를 포함하는 반복적 기법으로 이해될 수 있다.

- 새로운 모델은 반응 변수 대신 이전 모델의 오차율에 기반을 두고 생성된다.
- 오차는 해당 단계의 모델에서 계산되고 이전 단계의 모델에 반영한다.

위의 두 단계는 계속해서 반복되며 각각의 새로운 모델들은 이전 단계의 오차를 통해 학습함으로써 궁극적으로 모델의 정확도를 향상시킨다.

```
# R에서의 부스팅
library(gbm)
data(iris)
sample = iris[sample(nrow(iris)),]
train = sample[1:105,]
test = sample[106:150,]
```

```
model = gbm(Species~.,data=train,distribution="multinomial",
n.trees=5000,interaction.depth=4)
summary(model)
```

```
> summary(model)
                      var   rel.inf
Petal.Length Petal.Length 67.440852
Petal.Width   Petal.Width 24.942084
Sepal.Width   Sepal.Width  7.617065
Sepal.Length Sepal.Length  0.000000
```

위 코드를 실행한 결과는 다음과 같다.

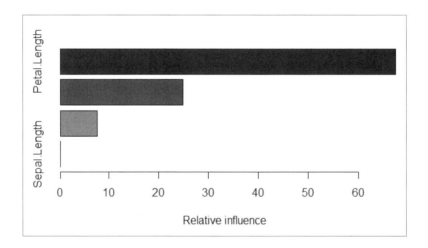

다음의 실행 코드를 보면, predict 함수의 결과 값이 apply 함수에 사용돼 pred의 각 행의 값 중 가장 높은 확률 값을 응답치로 찾아낸다.

```
> # 위의 요약 내용은 모델의 변수들이 가지는 상대적 중요성을 나타낸다
> pred = predict(model,newdata=test[,-5],n.trees=5000)
> pred[1:5,,]
        setosa versicolor virginica
```

```
[1,] -5.235560  -2.333041   3.260269
[2,] -5.259879   2.636516  -1.619280
[3,] -5.258043   3.412669  -2.604884
[4,]  5.636590  -3.779592  -4.437107
[5,]  5.606409  -2.694884  -2.185152
> # apply(.., 1, which.max) 함수를 실행해 pred 매트릭스로부터 가장 높은 확률을 가진 값을 응답
으로 선택한다
> p.pred <- apply(pred,1,which.max)
> p.pred
 [1] 3 2 2 1 1 3 2 1 1 1 1 3 1 3 3 3 2 1 1 3 2 1 3 1 2 3 3 3 2 3 2 3 1 2 1 2
1 1 2 3 1 1 2 1 3 1
```

▌ 데이터 마이닝 알고리즘 평가

지금까지 추천 시스템에서 사용되는 다양한 데이터 마이닝 기법들을 살펴봤다. 여기에서는 데이터 마이닝 기법들을 통해 만들어진 모델들을 평가하는 방법들을 살펴본다. 모든 데이터 분석 모델들의 궁극적인 목표는 추후 입력될 데이터들에 대해 잘 작동하는 것이다. 이러한 목표는 오직 개발 단계에서 모델을 효율적이고 강건하게 만들 때만 가능할 것이다.

데이터 분석 모델을 평가하면서 고려해야 할 가장 중요한 점들은 다음과 같다.

- 모델이 오버피팅Overfitting되거나 언더피팅Underfitting됐는지 확인한다.
- 모델이 얼마나 추후 입력될 데이터들과 테스트 데이터에서 잘 작동하는지를 확인한다.

바이어스^{Bias}(편향)라고도 불리는 언더피팅은 생성한 모델이 트레이닝 데이터에서조차
도 잘 작동하지 않는 경우로, 데이터에 적합한 정도가 낮은 모델을 적용하게 되는 것
을 의미한다. 예를 들어 데이터가 비선형적으로 분포돼 있고 그러한 데이터에 선형 모
델을 적용하는 것이다. 다음 그림은 데이터가 비선형적으로 분포된 것을 확인할 수
있다. 이러한 데이터에 선형 모델(노란색 선)을 적용하게 된다면, 모델의 예측력은 매
우 낮을 것이다.

오버피팅은 모델이 트레이닝 데이터에서는 잘 작동하지만, 실제 테스트 데이터에서
는 잘 작동하지 않는 경우를 말한다. 이러한 경우는 모델이 데이터로부터 학습하기보
다는 데이터의 패턴을 기억할 때 발생한다. 예를 들어, 데이터가 비선형적으로 분포돼
있을 때 다음 그림에서 녹색 선과 같이 매우 복잡한 형태로 모델을 생성하는 경우다.
이렇게 생성된 모델은 데이터의 모든 굴곡을 고려하고 데이터 분포 자체와 매우 흡사
하므로, 추후 테스트 단계에서 이전에 다루지 않았던 형태의 데이터에서는 좋은 성능
을 내지 못하게 된다.

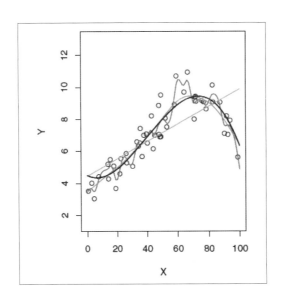

위의 그림은 트레이닝 데이터에 매우 단순하거나 매우 복잡하게, 또는 적절하게 생성된 모델들을 보여주고 있다. 녹색 선은 오버피팅을 나타내고 노란색 선은 언더피팅을 나타내며, 검은색과 파란색의 선들은 적절하게 생성된 모델을 나타낸다.

오버피팅과 언더피팅을 피하고자 교차 검증Cross Validation, 정규화Regularization, 가지치기Pruning, 모델 비교Model Comparison, ROC 곡선, 혼동 매트릭스 등을 활용해 생성한 모델을 평가한다.

교차 검증: 대부분의 모델에 사용되는 가장 널리 알려진 모델 평가 기법으로 데이터 세트를 트레이닝 데이터와 테스트 데이터로 나눈 후, 트레이닝 데이터를 사용해 모델을 생성하고 테스트 데이터상에서 평가를 진행한다. 이러한 절차를 여러 번 반복적으로 수행해 매 테스트 단계에서 에러율을 계산하며, 모든 반복 절차를 다 수행한 후 테스트 단계에서 발생한 오차들의 평균을 이용해 모델의 정확도를 일반화한다.

정규화: 이 기법은 비용 함수를 최소화하려는 목적으로 모델의 복잡성을 낮추기 위해 변수들에 불이익을 준다. 릿지 회귀Ridge regression와 라소 회귀Lasso regression가 가장 널리 알려진 정규화 기법들이다. 이 두 기법들 모두 변수의 계수들을 '0'에 가깝게 만들려 노력하며 적은 수의 변수들을 사용할 때 데이터에 더 적합한 모델이 된다.

혼동 매트릭스: 이 기법은 분류 모델의 성능을 평가하는 데 널리 사용된다. 모델의 결과를 사용해 혼동 매트릭스를 생성하며, 그 결과 값들을 이용해 모델을 평가하기 위한 재현력/민감도/특이도 등의 지표들을 계산한다.

정확도Precision: 양성으로 예측한 것 중 실제 양성인 것의 비율(TP/TP+FP)

재현력Recall/**민감도**Sensitivity: 정확하게 예측한 것 중 양성인 것의 비율(TP/TP+FN)

특이도Specificity: 실제 음성인 것의 비율(TN/FP+TN)

다음 그림에서 보이는 혼동 매트릭스는 이전에 다뤘던 분류의 결과들을 사용해 만들어진다.

		ACTUAL	
		POSITIVE	NEGATIVE
PREDICTED	POSITIVE	TRUE POSITIVE	FALSE POSITIVE
	NEGATIVE	FALSE NEGATIVE	TRUE NEGATIVE

혼동 매트릭스에 대해 좀 더 이해해본다.

TP$^{\text{True Positive}}$: 실제로 양성이며 양성으로 예측된 값들의 수

FP$^{\text{False Positive}}$: 실제로 음성이지만 양성으로 예측된 값들의 수, 오경보$^{\text{FALSE ALARM}}$

FN$^{\text{False Negative}}$: 실제로 양성이지만 음성으로 예측된 값들의 수, 놓침^{MISS}

TN$^{\text{True Negative}}$: 실제로 음성이며 음성으로 예측된 값들의 수

민감도와 특이도, 정확도를 수식으로 표현하면 다음과 같다.

sensitivity or true positive rate (TPR)
$$TPR = TP/P = TP/(TP + FN)$$
specificity (SPC) or true negative rate (TNR)
$$SPC = TN/N = TN/(TN + FP)$$
precision or positive predictive value (PPV)
$$PPV = TP/(TP + FP)$$

모델 비교: 분류 문제는 한 개 혹은 그 이상의 통계적 모형으로 해결할 수 있다. 예를 들어, 하나의 문제를 로지스틱 회귀 분석, 의사결정 나무, 앙상블 기법, SVM 등의 다양한 방법으로 해결할 수 있다. 그렇다면 어떤 모델이 데이터에 적합한지 선택할 수 있을까? 아카이케 정보 기준$^{\text{AIC, Akaike information criteria}}$, 베이지안 정보 기준$^{\text{BIC, Bayesian information criteria}}$, 수정된 R^2$^{\text{Adjusted R^2}}$과 같이 다양한 형태의 접근 방식들이 존재하며, 각 모델의 AIC, BIC, 수정된 R^2 값들을 계산해 최적의 모델을 선택한다.

▎ 요약

이번 장에서는 널리 사용되는 데이터 전처리 기법들과 데이터 마이닝 기법들, 그리고 추천 시스템에서 일반적으로 사용되는 평가 기법들을 알아봤다. 다음 장에서는 1장, '추천 시스템 시작하기'에서 소개한 추천 시스템을 좀 더 자세히 알아볼 것이다.

03

추천 시스템

이 장에서는 일반적으로 알려진 추천 기법들을 알아보며, 일부는 R을 사용해 구현해 본다.

다음의 추천 기법들을 알아본다.

- 협업 필터링Collaborative filtering : 우리가 자세히 알아볼 추천 기법 중 하나다. 유사한 사용자 또는 아이템에 대한 정보를 기반으로 한 알고리즘이며 두 가지 종류로 나눈다.
  - 아이템 기반 협업 필터링Item-based collaborative filtering : 사용자가 이전에 구매한 것들과 가장 유사한 아이템을 추천한다.
  - 사용자 기반 협업 필터링User-based collaborative filtering : 유사한 사용자가 가장 선호하는 아이템을 사용자에게 추천한다.

- 콘텐츠 기반 필터링^{Content-based filtering}: 개별 사용자를 위한 추천 기법이다. 사용자의 프로필을 정의하고 그것과 일치하는 아이템을 선별한다.
- 하이브리드 필터링^{Hybrid filtering}: 서로 다른 기법들을 결합한다.
- 지식 기반 필터링^{Knowledge-based filtering}: 사용자 및 아이템에 대한 명시적인 지식을 이용한다.

추천 시스템을 위한 R 패키지: recommenderlab

이 장에서는 협업 필터링을 위한 R 패키지 recommenderlab을 사용해 추천 시스템을 구현한다. 이 절에서는 해당 패키지에 대한 개요를 설명한다. 우선 설치하지 않았다면 패키지를 설치한다.

```
if(!"recommenderlab" %in% rownames(installed.packages())){
install.packages("recommenderlab")}
```

이제 패키지를 로드할 수 있고 도움말 기능을 사용해 설명서를 살펴볼 수 있다.

```
library("recommenderlab")
help(package = "recommenderlab")
```

위의 명령을 RStudio에서 실행하면 몇 가지 링크가 포함된 도움말 파일과 함수 목록이 열린다.

이 장에서 다루는 예제에는 임의의 난수를 생성하는 요소가 포함돼 있으므로 같은 결과를 내는 코드를 재현하기 위해 다음을 실행한다.

```
set.seed(1)
```

이제 recommenderlab을 사용할 준비가 됐다.

데이터 세트

recommenderlab은 다른 R 패키지들처럼 내장된 함수들을 사용해볼 수 있는 몇 가지
데이터 세트를 포함한다.

```
data_package <- data(package = "recommenderlab")
data_package$results[, "Item"]
```

Jester5k, MSWeb, MovieLense

예제는 영화와 관련된 MovieLense 데이터 세트를 사용한다. 이 데이터 세트에는 영화
에 대한 사용자들의 평점이 들어있다. 데이터를 로드하고 살펴본다.

```
data(MovieLense)
MovieLense
## 943 x 1664 rating matrix of class 'realRatingMatrix' with 99392 ratings.
```

MovieLense의 각 행은 사용자를 나타내고 각 열은 영화를 나타낸다. 사용자와 영화 사
이에 *943 x 1664 = 1,500,000* 이상의 데이터 조합이 있으므로 전체 행과 열을 저장하
려면 1,500,000개 이상의 셀이 필요하다. 단, 모든 사용자가 전체 영화를 보지 않았
으므로 100,000개 미만의 평점이 있으며 나머지는 비어있는 희소 매트릭스sparse matrix
다. recommenderlab 패키지는 이와 같은 데이터를 간결한 방식으로 저장할 수 있다.

평점 매트릭스를 위한 클래스

MovieLense에 대해 자세히 살펴본다.

```
class(MovieLense)
## [1] "realRatingMatrix"
## attr(,"package")
## [1] "recommenderlab"
```

realRatingMatrix 클래스는 recommenderlab에 정의돼 있고, ojectsojectb는 희소 평점 매트릭스sparse rating matrix를 포함한다. 이 클래스의 객체에 적용 가능한 방법을 살펴본다.

```
methods(class = class(MovieLense))
```

[	dimnames<-	Recommender
binarize	dissimilarity	removeKnownRatings
calcPredictionAccuracy	evaluationScheme	rowCounts
calcPredictionAccuracy	getData.frame	rowMeans
colCounts	getList	rowSds
colMeans	getNormalize	rowSums
colSds	getRatings	sample
colSums	getTopNLists	show
denormalize	image	similarity
dim	normalize	
dimnames	nratings	

몇 가지 방법들은 매트릭스를 더욱 최적화된 방법으로 다룰 수 있도록 돼 있다.

예를 들면, dim을 사용해 행과 열의 수를 추출하고 colSum을 사용해 각 열의 합을 계산할 수 있다. 또한 추천 시스템에 특화된 새로운 방법도 있다.

일반적으로 평점 매트릭스는 희소 매트릭스^{sparse matrix}다. 따라서 realRatingMatrix 클래스는 희소 매트릭스에 대해 간결한 저장을 지원한다. 이제 MovieLense 크기와 해당 R 매트릭스를 비교해본다.

```
object.size(MovieLense)
## 1388448 bytes
object.size(as(MovieLense, "matrix"))
## 12740464 bytes
```

여기서 recommenderlab 매트릭스가 얼마나 더 간결한지 계산해본다.

```
object.size(as(MovieLense, "matrix")) / object.size(MovieLense)
## 9.17604692433566 bytes
```

예상대로 MovieLense는 동등한 표준 R 매트릭스보다 공간을 훨씬 작게 차지한다. 비율은 약 1:9며, 그 이유는 MovieLense의 희소성 때문이다. 표준 R 매트릭스 객체는 누락된 값을 모두 0으로 저장하므로 15배 더 많은 셀을 저장한다.

유사도 매트릭스 계산

협업 필터링 알고리즘은 사용자 간 또는 아이템 간 유사도 측정을 기반으로 한다. 이를 위해 recommenderlab은 유사도 계산 함수를 포함하고 있으며, 지원되는 방법은 cosine, pearson, jaccard다.

예를 들어, 처음 다섯 명의 사용자가 서로 얼마나 유사한지, 코사인 거리를 사용해 계산해본다.

```
similarity_users <- similarity(MovieLense[1:4, ], method ="cosine", which =
"users")
```

similarity_users 객체는 다른 정보도 포함하고 있다. 이를 바로 확인해본다.

```
class(similarity_users)
## [1] "dist"
```

예상대로, similarity_users는 거리를 포함하는 객체다. dist는 기본 R 클래스이므로 다른 형태로도 사용될 수 있다. 예를 들어 계층적 클러스터링 모델을 구축하기 위해 hclust를 사용할 수 있다.

또한 similarity_users를 매트릭스로 변환해 시각화할 수도 있다.

```
as.matrix(similarity_users)
```

1	2	3	4
0	0.1689	0.03827	0.06635
0.1689	0	0.09707	0.1531
0.03827	0.09707	0	0.3334
0.06635	0.1531	0.3334	0

이미지를 사용한 매트릭스 시각화도 가능하다. 각 행과 열은 사용자에 해당하며 각 셀은 두 사용자 간의 유사도에 해당한다.

```
image(as.matrix(similarity_users), main = "User similarity")
```

셀이 적색일수록 사용자 간 유사도가 높으며, 같은 사용자를 비교한 대각선은 빨간색이다.

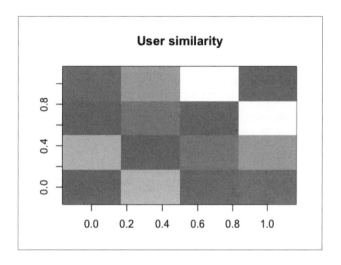

같은 방식으로 처음 네 개 아이템 간의 유사도를 계산하고 시각화할 수 있다.

```
similarity_items <- similarity(MovieLense[, 1:4], method =
"cosine", which = "items")
as.matrix(similarity_items)
```

	Toy Story (1995)	GoldenEye (1995)
Toy Story (1995)	0	0.4024
GoldenEye (1995)	0.4024	0
Four Rooms (1995)	0.3302	0.2731
Get Shorty (1995)	0.4549	0.5026

나머지 표는 다음과 같다.

	Four Rooms (1995)	Get Shorty (1995)
Toy Story (1995)	0.3302	0.4549
GoldenEye (1995)	0.2731	0.5026
Four Rooms (1995)	0	0.3249
Get Shorty (1995)	0.3249	0

앞의 사용자 간 유사도 시각화와 같이 이미지를 사용해 매트릭스를 시각화할 수 있다.

```
image(as.matrix(similarity_items), main = "Item similarity")
```

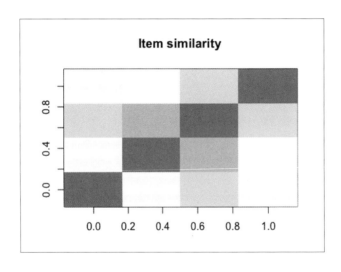

유사도는 협업 필터링 모델의 기본이 된다.

추천 모델

recommenderlab 패키지에는 추천 알고리즘에 대한 몇 가지 옵션이 있다. recommender
Registry$get_entries 명령어를 통해 realRatingMatrix 객체에 적용 가능한 모델
을 표시해본다.

```
recommender_models <- recommenderRegistry$get_entries(dataType
="realRatingMatrix")
```

recommender_models 객체에는 모델에 대한 정보가 포함돼 있다. 먼저 이를 확인해
본다.

```
names(recommender_models)
```

모델
IBCF_realRatingMatrix
PCA_realRatingMatrix
POPULAR_realRatingMatrix
RANDOM_realRatingMatrix
SVD_realRatingMatrix
UBCF_realRatingMatrix

각 모델에 대한 설명을 살펴본다.

```
lapply(recommender_models, "[[", "description")
## $IBCF_realRatingMatrix
## [1] "Recommender based on item-based collaborative filtering (realdata)."
##
## $PCA_realRatingMatrix
## [1] "Recommender based on PCA approximation (real data)."
```

```
##
## $POPULAR_realRatingMatrix
## [1] "Recommender based on item popularity (real data)."
##
## $RANDOM_realRatingMatrix
## [1] "Produce random recommendations (real ratings)."
##
## $SVD_realRatingMatrix
## [1] "Recommender based on SVD approximation (real data)."
##
## $UBCF_realRatingMatrix
## [1] "Recommender based on user-based collaborative filtering (realdata)."
```

이 모델 중에서 우리는 IBCF와 UBCF를 사용한다.

recommender_models 객체에는 매개변수Parameter와 같은 다른 정보도 들어있다.

recommender_models$IBCF_realRatingMatrix$parameters

매개변수	기본값
k	30
method	Cosine
normalize	center
normalize_sim_matrix	FALSE
alpha	0.5
na_as_zero	FALSE

패키지 및 사용 사례에 대한 자세한 설명을 보려면 패키지 부가 기능을 이용해본다. 즉, help (package = "recommenderlab")을 입력하면 모든 자료를 찾을 수 있다.

recommenderlab은 추천을 위한 훌륭하고 유연한 패키지다. 이를 다른 R 도구와 결합해 사용한다면 데이터를 탐색하고 추천 모델을 개발하는 강력한 도구가 될 수 있다.

다음 절에서 몇 가지 도구를 사용해 recommenderlab의 데이터 세트를 살펴본다.

▌데이터 탐구

이 절에서는 MovieLense 데이터 세트를 살펴본다. 이를 위해 추천 시스템을 만들기 위한 recommenderlab을 사용하고, 그 결과를 시각화하기 위한 ggplot2를 사용한다. 이제 패키지와 데이터를 로드한다.

```
library("recommenderlab")
library("ggplot2")
data(MovieLense)
class(MovieLense)
## [1] "realRatingMatrix"
## attr(,"package")
## [1] "recommenderlab"
```

MovieLense는 영화 평점에 관한 데이터 세트가 포함된 realRatingMatrix 객체다. 각 행은 사용자를, 각 열은 영화와 그에 대한 평점을 나타낸다.

데이터 특징 탐구

MovieLense를 간단히 살펴본다. 이전 절에서 설명했듯이 realRatingMatrix 객체에 적용할 수 있는 몇 가지 일반적인 방법들이 있다. dim을 사용해 크기를 추출해본다.

```
dim(MovieLense)
## [1]   943 1664
```

943명의 사용자와 1,664개의 영화가 있다. realRatingMatrix는 S4 클래스이므로 객체의 구성 요소는 MovieLense 슬롯Slot에 포함된다. 객체 내에 저장된 모든 데이터를 표시하는 slotNames를 사용해 모든 슬롯을 볼 수 있다.

```
slotNames(MovieLense)
## [1]"data"  "normalize"
```

MovieLense는 데이터 슬롯Slot을 포함한다. 그것에 대해 살펴보자.

```
class(MovieLense@data)
## [1] "dgCMatrix"
## attr(,"package")
## [1] "Matrix"

dim(MovieLense@data)
## [1]   943 1664
```

MovieLense@data는 Matrix에서 상속받은 dgCMatrix 클래스에 속한다. 맞춤 데이터 탐색을 수행하려면 이 슬롯에 접근해야 할 수 있다.

평점 값 탐구

슬롯 데이터부터 시작해 우리는 매트릭스를 살펴볼 수 있다. 평점에 대해 살펴보자. 매트릭스를 벡터로 변환하고 값을 살펴볼 수 있다.

```
vector_ratings <- as.vector(MovieLense@data)
unique(vector_ratings)
## [1] 5 4 0 3 1 2
```

평점은 0에서 5 사이의 정수다. 각 평점이 발생Occurrence된 개수를 세어보자.

```
table_ratings <- table(vector_ratings)
table_ratings
```

평점	발생
0	1469760
1	6059
2	11307
3	27002
4	33947
5	21077

평점 0은 누락된 값을 나타내므로 vector_ratings에서 값을 제거할 수 있다.

```
vector_ratings <- vector_ratings[vector_ratings != 0]
```

이제 평점에 대한 빈도 그래프를 그릴 수 있다. 빈도를 나타내는 막대 그림을 시각화하기 위해 ggplot2를 사용한다. factor를 사용해 카테고리로 변환하고 간략한 도표를 작성해본다.

```
vector_ratings <- factor(vector_ratings)
```

qplot을 사용해 분포를 시각화할 수 있다.

```
qplot(vector_ratings) + ggtitle("Distribution of the ratings")
```

다음 그림은 평점 분포를 보여준다.

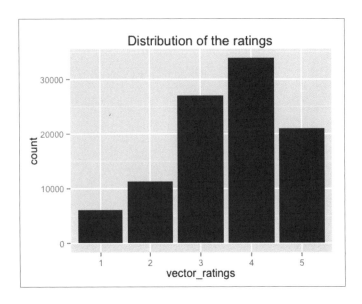

대부분의 평점은 2 이상이며 가장 일반적인 평점은 4다.

조회된 영화 탐색

MovieLense를 시작으로 다음과 같은 방법을 사용해 간략한 결과를 쉽게 추출할 수 있다.

- colCounts: 각 열에 존재하는 값의 수
- colMeans: 각 열에 대한 평균값

예를 들어, 가장 많이 본 영화를 알고 싶을 때 colCount를 사용할 수 있다. 먼저, 각 영화의 조회 수를 계산해본다.

```
views_per_movie <- colCounts(MovieLense)
```

그리고 조회 수로 영화를 정렬할 수 있다.

```
table_views <- data.frame(movie = names(views_per_movie),views = views_per_
movie)
table_views <- table_views[order(table_views$views, decreasing =TRUE), ]
```

이제 처음 여섯 개의 행을 시각화하고 히스토그램을 만들 수 있다.

```
ggplot(table_views[1:6, ], aes(x = movie, y = views)) +
geom_bar(stat="identity") +
theme(axis.text.x = element_text(angle = 45, hjust = 1)) +
ggtitle("Number of viewsof the top movies")
```

다음 그림은 상위 랭킹 영화의 조회 수를 보여준다.

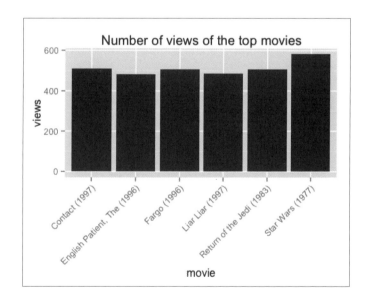

위의 도표에서 〈스타 워즈Star Wars〉(1977)가 가장 많이 본 영화며 다른 것에 비해 약 100
회의 조회 수를 초과한 것을 알 수 있다.

평균 평점 탐색

각 영화의 평균 평점을 계산해 최고 평점 영화를 선별할 수 있다. 이를 위해 colMeans를 사용하며, 0은 빠진 값을 나타내므로 자동으로 무시된다. 이제 평균 영화 평점의 분포를 살펴본다.

```
average_ratings <- colMeans(MovieLense)
```

qplot을 사용해 도표를 작성해본다.

```
qplot(average_ratings) + stat_bin(binwidth = 0.1) +
ggtitle("Distribution of the average movie rating")
```

다음 그림은 평균 영화 평점 분포를 보여준다.

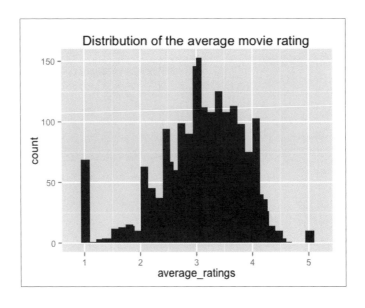

가장 큰 값은 대략 3이며, 평점이 1 또는 5인 영화도 조금 있다. 대체로 이러한 영화는 소수의 사람으로부터만 평점을 받았기 때문에 고려하지 않아도 된다. 따라서 정의된 기준치(예: 100 미만) 이하의 조회 수를 가지는 영화는 무시한다.

```
average_ratings_relevant <- average_ratings[views_per_movie > 100]
```

도표를 작성해본다.

```
qplot(average_ratings_relevant) + stat_bin(binwidth = 0.1) +
ggtitle(paste("Distribution of the relevant average ratings"))
```

다음 그림은 관련 평균 평점 분포를 보여준다.

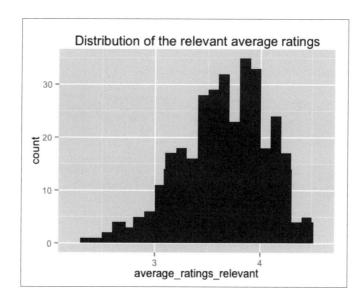

모든 순위는 2.3에서 4.5 사이에 존재한다. 예상대로, 양 극단의 평점을 제거했기 때문에 가장 큰 값은 4 정도로 바뀌었다.

매트릭스 시각화

색상으로 평점을 나타내는 히트맵heatmap을 작성해 매트릭스를 시각화할 수 있다. 매트릭스의 각 행은 사용자, 각 열은 영화, 각 셀은 평점에 해당하며 image를 사용해 일반적으로 이를 구현할 수 있다. recommenderlab 패키지는 realRatingMatrix 객체를 위해 image 함수를 재정의했다.

image를 사용해 히트맵을 작성한다.

```
image(MovieLense, main = "Heatmap of the rating matrix")
```

다음 그림은 평점 매트릭스의 히트맵을 보여준다.

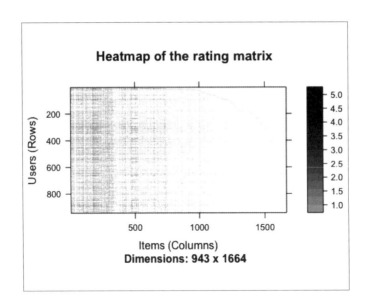

행과 열이 정렬됐기 때문에 평점이 없거나 낮은 사용자와 영화가 몰려 있는 오른쪽 위에 흰색 영역이 있음을 알 수 있다.

이 도표는 너무 많은 사용자와 아이템이 있으므로 읽기가 어렵다. 앞쪽 행과 열 일부분만 반영된 다른 도표를 작성해본다.

image를 사용해 히트맵을 작성해본다.

```
image(MovieLense[1:10, 1:15], main = "Heatmap of the first rows andcolumns")
```

다음 그림은 첫 번째 행과 열의 히트맵을 보여준다.

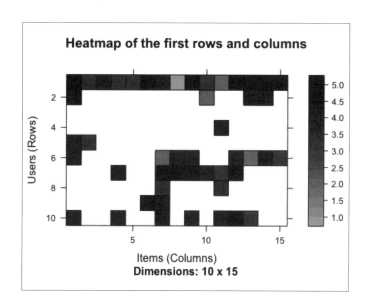

일부 사용자는 다른 사용자보다 더 많은 영화를 봤다. 그러나 이 도표는 단지 무작위 사용자 및 아이템을 표시한다. 대신, 가장 관련성이 높은 사용자 및 아이템을 선택하면 어떻게 될까? 즉, 많은 영화를 본 사용자와 많은 사용자가 본 영화를 시각화하기 위해 다음 단계를 따른다.

1. 사용자당 최소 영화 수를 결정한다.
2. 영화당 최소 사용자 수를 결정한다.
3. 이 기준에 일치하는 사용자 및 영화를 선택한다.

예를 들면 사용자와 영화의 최고 백분위 수를 시각화할 수 있으며, 이를 위해 quantile 함수를 사용한다.

```
min_n_movies <- quantile(rowCounts(MovieLense), 0.99)
min_n_users <- quantile(colCounts(MovieLense), 0.99)
min_n_movies
## 99%
## 440.96
min_n_users
## 99%
## 371.07
```

이제 기준과 일치하는 행과 열을 시각화할 수 있다.

image를 사용해 히트맵을 작성한다.

```
image(MovieLense[rowCounts(MovieLense) > min_n_movies,
colCounts(MovieLense) > min_n_users], main = "Heatmap of the top usersand
movies")
```

다음 그림은 상위권의 사용자 및 영화의 히트맵을 보여준다.

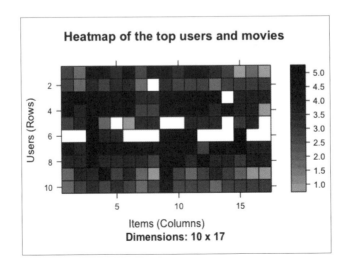

누구보다 많은 영화를 시청한 사용자 중 대부분은 예상대로 상위에 선정된 모든 영화를 봤다. 다른 곳보다 더 어두운 일부의 열은 가장 높은 평점의 영화를 나타낸다. 또한 어두운 행은 더 높은 평점을 부여한 사용자를 나타낸다. 이와 같이 데이터를 정규화해볼 수 있다.

이 절에서는 데이터와 관련해 살펴봤으며, 다음 절에서는 추천 모델에 대한 입력을 변환하고 처리할 것이다.

▌ 데이터 준비

이 절에서는 추천 모델에서 사용되는 데이터를 준비하는 방법을 설명한다. 다음 단계를 수행한다.

1. 관련 데이터 선택
2. 데이터 표준화

가장 적절한 데이터 선택하기

데이터를 살펴보면 다음과 같은 사실에 주목하게 된다.

- 시청 횟수가 적은 영화는 정보 부족으로 평점에 편향이 있을 수 있다.
- 거의 평점을 매기지 않는 사용자는 등급에 편향이 있을 수 있다.

영화당 최소 시청 횟수를 지정할 필요가 있으며 그 반대도 마찬가지다. 가장 적절한 데이터를 선택하기 위해서는 데이터 준비, 추천 모델 구현, 유효성 검사라는 전체 과정이 반복돼 이뤄진다. 우리는 처음 모델을 구현하므로 경험적 방법을 사용 가능하지만 이후에는 오류를 줄이기 위해 데이터 준비부터 다시 돌아가서 수정할 수 있다.

ratings_movies에 다음의 조건을 반영해 우리가 사용할 매트릭스를 생성하자.

- 영화를 50편 이상 평가한 사용자
- 적어도 100번 이상 시청된 영화

다음 코드로 구현할 수 있다.

```
ratings_movies <- MovieLense[rowCounts(MovieLense) > 50,colCounts(Movie
Lense) > 100]
ratings_movies
## 560 x 332 rating matrix of class 'realRatingMatrix' with 55298ratings.
```

ratings_movies 객체의 경우 MovieLense와 비교하면 약 절반의 사용자와 20% 정도의 영화가 포함된다.

가장 적절한 데이터 탐색

이전 절에서 했던 것과 같은 방식으로 새로운 매트릭스에서 사용자와 영화의 상위 2%를 시각화해본다.

```
# 상위 조건 반영
min_movies <- quantile(rowCounts(ratings_movies), 0.98)
min_users <- quantile(colCounts(ratings_movies), 0.98)
```

히트맵을 만들어보자.

```
image(ratings_movies[rowCounts(ratings_movies) > min_movies,
colCounts(ratings_movies) > min_users], main = "Heatmap of the topusers and
movies")
```

다음 그림은 상위권 사용자와 영화의 히트맵을 나타낸다.

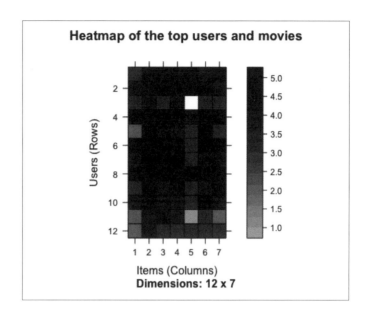

이미 인지하고 있듯이 일부 행은 다른 행보다 어둡다. 이는 일부 사용자가 모든 영화에 더 높은 평점을 부여할 수 있음을 의미한다. 그러나 우리는 상위의 영화만을 시각화한다. 모든 사용자의 개략적 내용을 보기 위해 사용자별 평균 평점 분포를 살펴본다.

```
average_ratings_per_user <- rowMeans(ratings_movies)
```

분포를 시각화해본다.

```
qplot(average_ratings_per_user) + stat_bin(binwidth = 0.1) +
ggtitle("Distribution of the average rating per user")
```

다음 그림은 사용자당 평균 평점 분포를 보여준다.

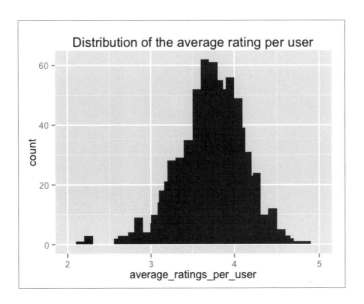

예상한 대로 평균 평점은 여러 사용자마다 크게 다르다.

데이터 정규화

모든 영화에 높은(또는 낮은) 평점을 부여하는 사용자는 결과를 왜곡시킬 수 있다.
각 사용자의 평균 평점이 0이 되도록 데이터를 정규화해 이 문제를 제거할 수 있다.
normalize 함수는 이 과정을 자동으로 수행한다.

```
ratings_movies_norm <- normalize(ratings_movies)
```

사용자의 평균 평점을 살펴본다.

```
sum(rowMeans(ratings_movies_norm) > 0.00001)
## [1] 0
```

예상대로 각 사용자의 평균 평점은 0이다(근삿값 오차 제외). image를 사용해 새 매트릭스를 시각화할 수 있다. 히트맵을 만들어본다.

```
# 정규화된 매트릭스를 시각화
image(ratings_movies_norm[rowCounts(ratings_movies_norm)>min_movies,
colCounts(ratings_movies_norm) > min_users],
main = "Heatmap of the top users andmovies")
```

다음 그림은 상위 사용자 및 영화의 히트맵을 보여준다.

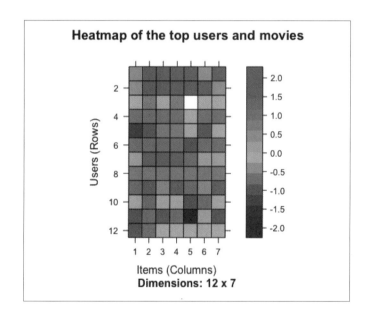

이전과의 가장 큰 차이점으로 연속적인 데이터를 나타내기 위한 색상이 있다. 이전에 등급이 1에서 5 사이의 정수였다면, 정규화 후의 등급은 −5에서 5 사이에 있는 임의의 수가 될 수 있다.

좀 더 파랗거나 빨간 일부가 여전히 존재한다. 이는 상위권의 영화만을 시각화했기 때문이다. 우리는 이미 각 사용자의 평균 평점이 0인 것을 확인했다.

데이터 이진화

일부 추천 모델은 바이너리 데이터에서 작동하므로 데이터를 이진화(0과 1만 포함하는 테이블 정의)해야 할 수도 있다. 0은 누락된 값 또는 나쁜 평점으로 간주한다.

이 경우 다음 중 하나의 방법이 선택될 수 있다.

- 사용자가 영화에 평점을 매기면 1, 그렇지 않으면 0인 매트릭스를 정의한다. 이 경우 상세 평점에 대한 정보가 손실된다.
- 평점이 일정한 기준값(예: 3) 이상인 경우 1을, 그렇지 않은 경우 0인 매트릭스를 정의한다. 이는 나쁜 평점이 부여된 영화를 평가에서 제외하는 효과가 있다.

상황에 따라 더 적절한 방법을 선택할 수 있다.

데이터 이진화 명령은 binarize며 이를 데이터에 적용해보자. 먼저 영화가 시청된 경우, 즉 평점이 1 이상인 경우 매트릭스를 1로 정의한다.

```
ratings_movies_watched <- binarize(ratings_movies, minRating = 1)
```

결과를 살펴본다. 이 경우 사용자와 영화의 더 많은 부분을 시각화할 수 있도록 흑백 도표를 사용한다. 예를 들어 상위 5%를 나타내기 위해 quantile을 사용해 5%를 지정한다. 행과 열의 개수는 원래의 매트릭스와 같으므로 rating_movies에 rowCounts와 colCounts를 여전히 적용할 수 있다.

```
min_movies_binary <- quantile(rowCounts(ratings_movies), 0.95)
min_users_binary <- quantile(colCounts(ratings_movies), 0.95)
```

히트맵을 만들어본다.

```
image(ratings_movies_watched[rowCounts(ratings_movies) > min_movies_binary,
colCounts(ratings_movies) > min_users_binary],
main = "Heatmapof the top users and movies")
```

다음 그림은 상위 사용자와 영화의 히트맵을 보여준다.

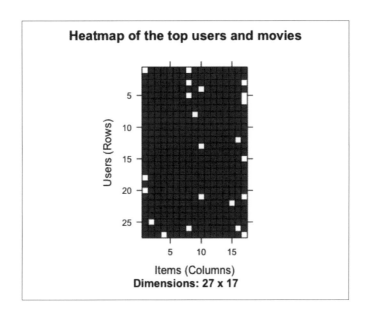

몇 개의 셀에만 시청되지 않은 영화가 포함돼 있다. 이는 최상위 사용자와 영화를 선택했기 때문이다.

다른 형태의 이진 매트릭스를 계산하고 시각화하기 위해 같은 접근법을 사용한다. 이번에는 기준값보다 큰 평점의 셀은 1과 같은 값을 가지며 다른 셀은 0이다.

```
ratings_movies_good <- binarize(ratings_movies, minRating = 3)
```

히트맵을 만들어본다.

```
image(ratings_movies_good[rowCounts(ratings_movies) > min_movies_binary,
colCounts(ratings_movies) > min_users_binary],
main = "Heatmapof the top users and movies")
```

다음 그림은 상위 사용자와 영화의 히트맵을 보여준다.

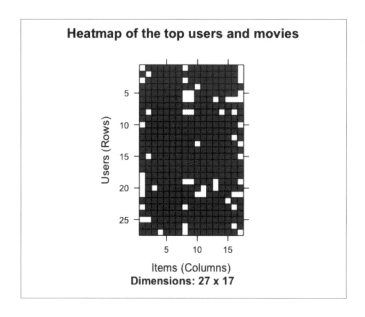

예상대로 더 많은 하얀점들이 보인다. 추천 모델에 따라 평점 매트릭스를 그대로 사용하거나 정규화/이진화를 수행한 후 사용할 수도 있다.

이 절에서는 추천을 수행하기 위한 데이터를 준비했다. 다음 절에서는 협업 필터링 모델을 알아본다.

아이템 기반 협업 필터링

협업 필터링은 여러 사용자에 대한 정보를 고려한 추천 형태다. '협업'이라는 단어는 사용자가 아이템을 추천하기 위해 서로 협력한다는 사실을 나타낸다. 실제 알고리즘에서는 사용자의 구매 내역 및 선호도가 고려된다. 그 시작은 행이 사용자에 해당하고 아이템이 열에 해당하는 평점 매트릭스다.

이 절에서는 아이템 기반 협업 필터링의 예를 보여준다. 새로운 사용자가 주어지면 알고리즘은 사용자의 구매 내역을 고려해 유사한 아이템을 추천한다. 핵심 알고리즘 구현은 다음 단계를 기반으로 한다.

1. 각 아이템들에 대해, 유사한 사용자들에게 비슷한 평점을 받은 것을 바탕으로 서로 얼마나 유사한지 측정한다.
2. 각 아이템에 대해, 가장 유사한 k개의 아이템들을 선별한다.
3. 각 사용자에 대해, 사용자의 구매 내역과 가장 유사한 아이템을 선별한다.

이번 장에서는 IBCF 모델 작성에 대한 전반적인 접근 방식을 다룬다. 또한 자세한 내용은 언급될 세부 절에서 살펴본다.

트레이닝 및 테스트 세트 정의

우리는 MovieLense 데이터 세트(트레이닝 세트)의 일부를 사용해 모델을 만들고 나머지 부분(테스트 세트)은 구현한 모델에 적용한다. 이 장에서 다루려는 내용 범위를 벗어나므로 여기서 모델을 평가하지는 않지만, 테스트 세트 사용자에 한해 영화를 추천할 것이다.

두 개의 데이터 세트는 다음과 같다.

- **트레이닝 세트**: 이 세트는 모델을 학습하기 위한 사용자가 들어있다.
- **테스트 세트**: 이 세트는 영화를 추천하기 위한 사용자가 들어있다.

알고리즘은 데이터를 자동으로 정규화하며, MovieLense 관련 사용자와 영화가 포함된 ratings_movies를 사용할 수 있다. 이전 절에서 rating_movies는 100회 이상 평가된 영화와 영화를 50개 이상 평가한 MovieLense 사용자의 일부로 정의했다.

먼저 트레이닝 세트에 포함된 사용자는 TRUE고 그 외 사용자는 FALSE로 작성된 which_train 벡터를 무작위로 정의한다. 트레이닝 세트의 비율은 80%로 설정한다.

```
which_train <- sample(x = c(TRUE, FALSE), size = nrow(ratings_movies),
replace = TRUE, prob = c(0.8, 0.2))
head(which_train)
## [1]   TRUE TRUE TRUE   FALSE  TRUE  FALSE
```

트레이닝 및 테스트 세트를 정의한다.

```
recc_data_train <- ratings_movies[which_train, ]
recc_data_test <- ratings_movies[!which_train, ]
```

각 사용자에게 아이템을 추천하기 위해 k-fold를 사용한다.

- 사용자를 무작위로 다섯 개의 그룹으로 나눈다.
- 하나의 그룹은 테스트 세트로, 나머지 그룹은 트레이닝 세트로 사용한다.
- 그룹별로 반복한다.

다음은 샘플 코드다.

```
which_set <- sample(x = 1:5, size = nrow(ratings_movies), replace =TRUE)
for(i_model in 1:5) {
  which_train <- which_set == i_model
  recc_data_train <- ratings_movies[which_train, ]
  recc_data_test <- ratings_movies[!which_train, ]
  # Recommender 구성하기
}
```

이 패키지의 동작 방식을 알아보기 위해 데이터를 수동으로 트레이닝 및 테스트 세트로 나눈다. recommenderlab의 evaluationScheme 함수를 사용해 이 작업을 자동으로도 수행할 수 있다. 해당 함수는 4장, '추천 시스템의 평가'에서 모델을 평가하기 위해 사용될 것이다.

이제 모델을 생성하고 검증할 수 있다.

추천 모델 생성

모델을 생성하는 함수는 Recommender며 입력 값은 다음과 같다.

- **데이터**Data: 트레이닝 세트
- **방법**Method: 알고리즘 기법의 이름
- **매개변수**Parameter: 알고리즘 기법에 대한 선택적 설정 변수 값

아이템 기반 협업 필터링은 IBCF라고 부른다. 매개변수를 살펴본다.

```
recommender_models <- recommenderRegistry$get_entries(dataType
="realRatingMatrix")
recommender_models$IBCF_realRatingMatrix$parameters
```

매개변수	기본값
k	30
method	Cosine
normalize	center
normalize_sim_matrix	FALSE
alpha	0.5
na_as_zero	FALSE
minRating	NA

몇 가지 관련 매개변수는 다음과 같다.

- k: 첫 번째 단계에서 알고리즘은 각 아이템에서 서로의 유사점을 계산한다. 다음 각 아이템에 대해 *k*개의 가장 유사한 아이템을 선별하고 저장한다.
- method: 유사도 함수다. 기본 설정은 cosine이며, 자주 쓰이는 다른 옵션은 pearson이다.

여기서는 기본값으로 설정할 수 있다. 매개변수를 변경하는 방법을 보여주기 위해 기본값인 k = 30을 설정한다. 이제 추천 모델을 만들어본다.

```
recc_model <- Recommender(data = recc_data_train, method = "IBCF",
parameter = list(k = 30))
recc_model
## Recommender of type 'IBCF' for 'realRatingMatrix'
## learned using 111 users.
class(recc_model)
## [1] "Recommender"
## attr(,"package")
## [1] "recommenderlab"
```

recc_model 클래스는 recommender 클래스의 객체다.

추천 모델 탐색

getModel을 사용해 모델에 대한 설명과 매개변수 같은 몇 가지 세부 정보를 추출할 수 있다.

```
model_details <- getModel(recc_model)
model_details$description
```

```
## [1] "IBCF: Reduced similarity matrix"model_details$k
## [1] 30
```

model_details$sim 구성 요소에는 유사도 매트릭스가 포함된다. 구조를 확인해본다.

```
class(model_details$sim)
## [1] "dgCMatrix"
## attr(,"package")
## [1] "Matrix"
```

```
dim(model_details$sim)
## [1] 332 332
```

예상대로 model_details$sim은 크기가 아이템 수와 같은 정사각형 매트릭스다. image를 사용해 매트릭스 일부를 탐색할 수 있다.

```
n_items_top <- 20
```

히트맵을 만들어본다.

```
image(model_details$sim[1:n_items_top, 1:n_items_top],
main = "Heatmap of the first rows and columns")
```

다음 그림은 첫 번째 행과 열의 히트맵을 표시한다.

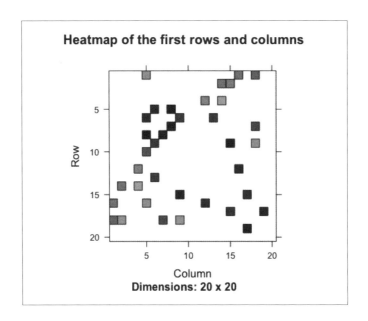

대부분의 값은 0이다. 각 행에는 k 기준에 만족하는 요소만 포함돼 있기 때문이다. 확인해보자.

```
model_details$k
## [1] 30
row_sums <- rowSums(model_details$sim > 0)
table(row_sums)
## row_sums
## 30
## 332
```

예상대로 각 행은 0보다 큰 30개의 요소를 가지고 있다. 그러나 매트릭스는 대칭적으로 보이지 않는다. 사실, 각 열의 0이 아닌 요소의 수는 해당 영화가 다른 영화의 상위 k 번째에 얼마나 자주 포함됐느냐에 따라 달라진다. 열의 구성 요소 수 분포를 확인해본다.

```
col_sums <- colSums(model_details$sim > 0)
```

분포도를 작성해본다.

```
qplot(col_sums) + stat_bin(binwidth = 1) + ggtitle("Distribution of the
column count")
```

다음 그림은 열 개수 분포를 표시한다.

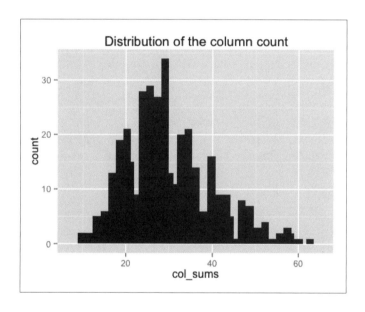

예상대로 다른 많은 영화와 비슷한 몇 개의 영화가 있다. 어떤 영화가 대부분의 구성요소에 대해 만족했는지 확인해보자.

```
which_max <- order(col_sums, decreasing = TRUE)[1:6]
rownames(model_details$sim)[which_max]
```

Movie	col_sum
Sling Blade (1996)	62
Usual Suspects, The (1995)	60
Fargo (1996)	58
Vertigo (1958)	58
Stargate (1994)	57
The Godfather (1972)	55

테스트 세트에 추천 모델 적용

이제 우리는 테스트 세트에 있는 사용자에게 영화를 추천할 수 있다. 각 사용자에게 추천할 아이템 수를 지정하는 n_recommended를 정의한다. 이 절에서는 가중치를 계산할 때 주로 사용되는 접근 방법을 보여줄 것이다.

```
n_recommended <- 6
```

각 사용자에 대해, 알고리즘은 평점을 매긴 영화를 추출한다. 그리고 각 영화에 대해, 유사도 매트릭스를 기반으로 모든 유사한 아이템을 식별한다. 그 후 알고리즘은 다음의 방식으로 각 유사 아이템의 순위를 매긴다.

- 해당 아이템과 관련된 구매 평점을 추출한다. 평점은 가중치로 사용된다.
- 해당 아이템과 관련된 구매 아이템의 유사도를 추출한다.
- 각 가중치에 관련 유사도를 곱한다.
- 모든 곱한 결과를 더한다.

다음으로 알고리즘은 상위 *n*개를 추천한다.

```
recc_predicted <- predict(object = recc_model, newdata = recc_data_test,
n = n_recommended)
recc_predicted
## Recommendations as 'topNList' with n = 6 for 449 users.
```

recc_predicted 객체에는 추천 항목들이 들어있다. 구조를 살펴본다.

```
class(recc_predicted)
## [1] "topNList"
## attr(,"package")
## [1] "recommenderlab"

slotNames(recc_predicted)
## [1]"items" "itemLabels""n"
```

세부 항목은 다음과 같다.

- items: 각 사용자에 대한 추천 아이템들의 색인에 대한 목록
- itemLabels: 아이템의 이름
- n: 추천 수

예를 들어, 다음은 첫 번째 사용자를 위한 추천 항목들이다.[1]

```
recc_predicted@items[[1]]
## [1] 201 182 254 274 193 297
```

---

1 참고로 예제에는 난수를 생성하는 요소가 포함돼 있으므로, 동일한 결과를 재현하는 set.seed() 코드의 실행 여부 및 R 버전에 따라 세부 결과가 달라질 수 있음을 밝힌다. – 옮긴이

recc_predicted@item 레이블로부터 추천 영화를 추출할 수 있다.

```
recc_user_1 <- recc_predicted@items[[1]]
movies_user_1 <- recc_predicted@itemLabels[recc_user_1]
movies_user_1
```

인덱스	영화
201	Schindler's List (1993)
182	Secrets and Lies (1996)
254	Trainspotting (1996)
274	The Deer Hunter (1978)
193	L.A. Confidential (1997)
297	The Manchurian Candidate (1962)

각 사용자에 대한 추천 항목이 있는 매트릭스를 정의할 수 있다.

```
recc_matrix <- sapply(recc_predicted@items, function(x){colnames(ratings_
movies)[x]})
dim(recc_matrix)
## [1]  6449
```

처음 네 명의 사용자에 대한 추천 항목을 시각화해본다.

```
recc_matrix[, 1:4]
```

Schindler's List (1993)	Babe (1995)
Secrets and Lies (1996)	The Usual Suspects (1995)
Trainspotting (1996)	Taxi Driver (1976)
The Deer Hunter (1978)	Blade Runner (1982)
L.A. Confidential (1997)	Welcome to the Dollhouse (1995)
Manchurian Candidate, The (1962)	The Silence of the Lambs (1991)
Batman Forever (1995)	Strictly Ballroom (1992)
Stargate (1994)	L.A. Confidential (1997)
Star Trek III: The Search for Spock (1984)	Cold Comfort Farm (1995)
Tin Cup (1996)	12 Angry Men (1957)
Courage Under Fire (1996)	Vertigo (1958)
Dumbo (1941)	A Room with a View (1986)

이제 가장 많이 추천된 영화를 확인할 수 있다. 이를 위해 모든 추천 사항이 있는 벡터를 정의하고 빈도수 그래프를 작성한다.

```
number_of_items <- factor(table(recc_matrix))
chart_title <- "Distribution of the number of items for IBCF"
```

분포도를 작성해본다.

```
qplot(number_of_items) + ggtitle(chart_title)
```

다음 그림은 IBCF에 대한 아이템 수 분포를 보여준다.

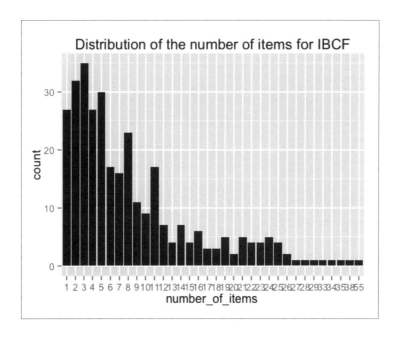

IBCF와 비교할 때 분포도의 꼬리가 길다. 즉, 다른 영화들보다 훨씬 더 자주 추천되는 영화가 있음을 의미한다.

```
number_of_items_sorted <- sort(number_of_items, decreasing = TRUE)
number_of_items_top <- head(number_of_items_sorted, n = 4)
table_top <- data.frame(names(number_of_items_top), number_of_items_top)
table_top
```

	names.number_of_items_top
Mr. Smith Goes to Washington (1939)	Mr. Smith Goes to Washington (1939)
Babe (1995)	Babe (1995)
The Maltese Falcon (1941)	The Maltese Falcon (1941)
L.A. Confidential (1997)	L.A. Confidential (1997)

앞의 표는 다음과 같이 계속된다.

	number_of_items_top
Mr. Smith Goes to Washington (1939)	55
Babe (1995)	38
The Maltese Falcon (1941)	35
L.A. Confidential (1997)	34

IBCF는 유사도 매트릭스를 기준으로 아이템을 추천한다. 한 번 생성이 완료되면 초기 데이터를 사용할 필요가 없는 사전 학습$^{eager-learning}$ 모델이다. 각 아이템에 대해 가장 유사한 k개만 저장하므로 일단 모델을 생성하면 정보량이 적다. 이는 많은 양의 데이터가 있는 경우 장점이다.

또한 이 알고리즘은 효율적이고 확장성이 뛰어나므로 큰 평점 매트릭스에서 잘 작동하며, 다른 추천 모델보다 정확도가 좀 더 높다.

다음 절에서는 또 다른 기법 분야인 사용자 기반 협업 필터링을 살펴본다.

▌ 사용자 기반 협업 필터링

이전 절에서 알고리즘은 아이템을 기반으로 했으며 추천 항목을 선별하는 단계는 다음과 같다.

- 같은 사람들이 구매한 것과 유사한 아이템 선별
- 새 사용자에게는 구매했던 것과 비슷한 아이템을 추천

이 절에서는 반대의 방법을 사용한다. 먼저 새로운 사용자가 생기면 유사한 사용자를 선별한다. 그런 다음 유사한 사용자가 구매해 좋은 평점을 준 아이템을 추천한다. 이 방법을 사용자 기반 협업 필터링이라고 한다. 새로운 사용자에 대해서는

다음 단계가 있다.

1. 각 사용자가 새로운 사용자와 얼마나 유사한지 측정한다. IBCF와 마찬가지로 주로 사용되는 유사도 측정 방법은 상관관계^{Correlation} 및 코사인^{cosine}이다.
2. 가장 유사한 사용자를 선별한다. 옵션은 다음과 같다.
   ○ 상위 k명의 사용자(k-nearest_neighbors)를 고려한다.
   ○ 정의된 임계 값을 초과하는 유사도의 사용자를 고려한다.
3. 가장 유사한 사용자가 구매한 아이템들에 평점을 매긴다. 평점은 유사한 사용자 간의 평균 평점이며 접근 방식은 다음과 같다.
   ○ 평균 평점
   ○ 유사도를 가중치로 사용하는 가중 평균 평점
4. 최고 평점 아이템을 선별한다.

이전 장에서 했던 것처럼 트레이닝 및 테스트 세트를 만든다. 그러면 이제 모델을 직접 생성할 수 있다.

추천 모델 생성

모델을 생성하는 R 명령은 이전 장과 동일하다. 이제 이 기법을 UBCF라고 부르자.

```
recommender_models <- recommenderRegistry$get_entries(dataType
="realRatingMatrix")
recommender_models$UBCF_realRatingMatrix$parameters
```

매개변수	기본값
method	cosine
nn	25
sample	FALSE
normalize	center
minRating	NA

관련 매개변수는 다음과 같다.

- method: 사용자 간의 유사도를 계산하는 방법
- nn: 유사한 사용자의 수

매개변수를 기본값으로 하는 추천 모델을 생성해본다.

```
recc_model <- Recommender(data = recc_data_train, method = "UBCF")
recc_model
## Recommender of type 'UBCF' for 'realRatingMatrix'
## learned using 451 users.
```

getModel을 사용해 모델에 대한 세부 정보를 추출해본다.

```
model_details <- getModel(recc_model)
```

모델의 구성 요소를 살펴본다.

```
names(model_details)
```

구성 요소
description
data
method
nn
sample
normalize
minRating

model_details에는 model의 설명과 매개변수 외에 다음과 같은 데이터 정보가 포함돼 있다.

```
model_details$data
## 451 x 332 rating matrix of class 'realRatingMatrix' with 43846 ratings.
## Normalized using center on rows.
```

model_details$data 객체는 평점 매트릭스를 포함한다. UBCF는 사후 학습lazy-learning 기법이므로 예측을 수행하기 위해 모든 데이터에 액세스해야 하기 때문이다.

테스트 세트에 추천 모델 적용

IBCF와 같은 방식으로 각 신규 사용자에 대한 상위 여섯 개의 추천 항목을 결정할 수 있다.

```
n_recommended <- 6
recc_predicted <- predict(object = recc_model,
newdata = recc_data_test, n = n_recommended)
recc_predicted
## Recommendations as 'topNList' with n = 6 for 109 users.
```

테스트 세트 사용자에 대해 추천 항목이 있는 매트릭스를 정의할 수 있다.

```
recc_matrix <- sapply(recc_predicted@items, function(x){colnames(ratings_
movies)[x]})
dim(recc_matrix)
## [1]   6 109
```

처음 네 명의 사용자를 살펴보자.

```
recc_matrix[, 1:4]
```

The Usual Suspects (1995)	Lone Star (1996)
The Shawshank Redemption (1994)	This Is Spinal Tap (1984)
Contact (1997)	The Wrong Trousers (1993)
The Godfather (1972)	Hoop Dreams (1994)
Nikita (La Femme Nikita) (1990)	Mighty Aphrodite (1995)
Twelve Monkeys (1995)	Big Night (1996)
The Silence of the Lambs (1991)	The Usual Suspects (1995)
The Shawshank Redemption (1994)	The Wrong Trousers (1993)
Jaws (1975)	Monty Python and the Holy Grail (1974)
Schindler's List (1993)	GoodFellas (1990)
	The Godfather (1972)
Fargo (1996)	2001: A Space Odyssey (1968)

또한 각 영화가 추천된 횟수를 계산하고 관련 빈도 막대 그래프를 작성할 수 있다.

```
number_of_items <- factor(table(recc_matrix))
chart_title <- "Distribution of the number of items for UBCF"
```

분포도를 작성해본다.

```
qplot(number_of_items) + ggtitle(chart_title)
```

다음 그림은 UBCF를 위한 아이템 수의 분포를 표시한다.

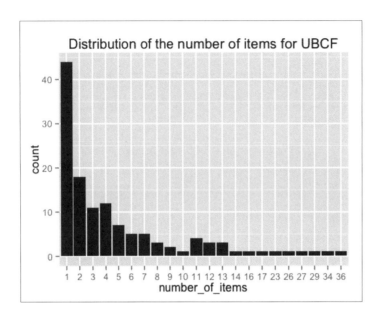

IBCF와 비교할 때 분포도의 꼬리가 길다. 즉, 다른 영화들보다 훨씬 더 자주 추천되는 영화가 있음을 의미한다. 최댓값은 29며 IBCF는 11로서 대비된다.

상위권 제목을 살펴본다.

```
number_of_items_sorted <- sort(number_of_items, decreasing = TRUE)
number_of_items_top <- head(number_of_items_sorted, n = 4)
table_top <- data.frame(names(number_of_items_top), number_of_items_top)
table_top
```

	names.number_of_items_top
Schindler's List (1993)	Schindler's List (1993)
The Shawshank Redemption (1994)	The Shawshank Redemption (1994)
The Silence of the Lambs (1991)	The Silence of the Lambs (1991)
The Godfather (1972)	The Godfather (1972)

앞의 표는 다음과 같이 계속된다.

	number_of_items_top
Schindler's List (1993)	36
The Shawshank Redemption (1994)	34
The Silence of the Lambs (1991)	29
The Godfather (1972)	27

UBCF와 IBCF의 결과를 비교하면 알고리즘을 이해하는 데 도움이 된다. UBCF는 초기 데이터에 액세스^{access}해야 하므로 사후 학습 모델이다. 전체 데이터베이스를 메모리에 저장해야 하므로 큰 평점 매트릭스가 있는 경우 제대로 작동하지 않는다. 또한 유사도 매트릭스를 생성하기 위해서는 많은 계산 능력과 시간이 필요하다.

그러나 UBCF는 IBCF보다 좀 더 정확하다는 것이 입증됐으므로 데이터 세트가 너무 크지 않은 경우 좋은 추천 모델이다.

이진 데이터에 대한 협업 필터링

이전 두 절에서는 데이터가 각 구매에 대한 평점을 나타내므로 사용자 선호를 기반으로 추천 모델을 생성했다. 그러나 이 정보를 항상 사용할 수 있는 것은 아니다. 다음과 같은 두 가지 시나리오가 발생할 수 있다.

- 어떤 아이템을 구매했는지 알지만 평점을 알지는 못한다.
- 각 사용자에 대해 구매한 아이템을 알 수는 없지만 좋아하는 아이템은 알고 있다.

이러한 맥락에서 사용자가 아이템을 구매하면(또는 좋아하면) 값이 1이고 그렇지 않으면 0이 되는 사용자-아이템 매트릭스를 작성할 수 있다. 이 경우 기법은 마찬가지로 아이템 기반 및 사용자 기반이지만 이제까지와는 다른 방식으로 처리해야 한다.

여기서는 ratings_movies부터 시작해 사용자가 영화를 본 경우 값 1, 그렇지 않으면 0이 되는 ratings_movies_watched 매트릭스를 만들 수 있다. 우리는 그것을 앞 절(데이터 이진화)에서 다뤘다.

데이터 준비

binarize 함수를 사용해 ratings_movies_watched를 만들 수 있다.

```
ratings_movies_watched <- binarize(ratings_movies, minRating = 1)
```

데이터를 간단히 살펴본다. 각 사용자가 얼마나 많은 영화(332개 중)를 봤는지 나타내는 분포도를 작성해본다.

```
qplot(rowSums(ratings_movies_watched)) + stat_bin(binwidth = 10) +
geom_vline(xintercept = mean(rowSums(ratings_movies_watched)), col= "red",
linetype = "dashed") + ggtitle("Distribution of movies byuser")
```

다음 그림은 사용자별 영화 분포를 보여준다.

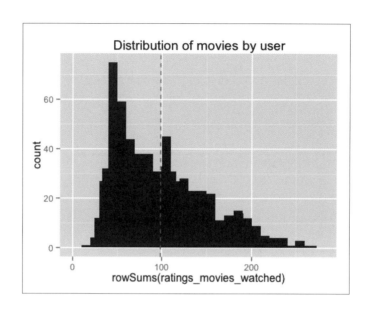

평균적으로 각 사용자는 약 100편의 영화를 봤고 단지 소수만 200편의 영화를 봤다.

추천 모델을 만들기 위해 트레이닝 및 테스트 세트를 정의해본다.

```
which_train <- sample(x = c(TRUE, FALSE), size = nrow(ratings_movies),
replace = TRUE, prob = c(0.8, 0.2))
recc_data_train <- ratings_movies[which_train, ]
recc_data_test <- ratings_movies[!which_train, ]
```

이제 IBCF 및 UBCF 모델을 만들 준비가 됐다.

이진 데이터에 대한 아이템 기반 협업 필터링

IBCF의 첫 번째 단계는 아이템 간의 유사도를 정의하는 것이다. 이진 데이터^{Binary Data}의 경우 상관관계^{Correlation}와 코사인^{Cosine} 같은 거리가 제대로 동작하지 않는다. 다른 좋은 대안으로 Jaccard 인덱스가 있다. 두 아이템이 있을 때, 인덱스는 두 아이템을 모두 구매한 사용자 수를 그중 최소 하나 이상 구매한 사용자 수로 나눈 값으로 계산된다. 첫 번째와 두 번째 아이템을 구매한 사용자 집합인 $item_1$과 $item_2$부터 시작해본다. '∩' 기호는 두 세트의 교차, 즉 두 개 집합에 포함된 아이템을 참조한다. '∪' 기호는 두 세트의 합집합, 즉 그중 하나 이상에 포함된 아이템을 나타낸다. Jaccard 인덱스는 두 세트 간의 교차 요소의 수를 합집합의 요소 수로 나눈 값이다.

$$distance\left(item_1, item_2\right) = \frac{item_1 \cap item_2}{item_1 \cup item_2}$$

이전과 같은 명령어를 사용해 IBCF 모델을 만들 수 있다. 유일한 차이점은 method에 매개변수로 Jaccard를 입력하는 것이다.

```
recc_model <- Recommender(data = recc_data_train,
method = "IBCF",parameter = list(method = "Jaccard"))
model_details <- getModel(recc_model)
```

이전 절과 마찬가지로 테스트 세트에서 각 사용자에게 여섯 개의 아이템을 추천할 수 있다.

```
n_recommended <- 6
recc_predicted <- predict(object = recc_model, newdata = recc_data_test, n
= n_recommended)
recc_matrix <- sapply(recc_predicted@items, function(x){colnames(ratings_
movies)[x]})
```

처음 네 명의 사용자에 대한 추천 사항을 살펴본다.

```
recc_matrix[, 1:4]
```

L.A. Confidential (1997)	Hoop Dreams (1994)
Evita (1996)	Quiz Show (1994)
Being There (1979)	Strictly Ballroom (1992)
Chasing Amy (1997)	This Is Spinal Tap (1984)
Dr. Strangelove or: How I Learned to Stop Worrying andLove the Bomb (1963)	What's Eating Gilbert Grape (1993)
The Full Monty (1997)	The Wrong Trousers (1993)
Gone with the Wind (1939)	Cop Land (1997)
Citizen Kane (1941)	Lost Highway (1997)
On Golden Pond (1981)	Kolya (1996)
Emma (1996)	Secrets and Lies (1996)
One Flew Over the Cuckoo's Nest(1975)	Everyone Says I Love You (1996)
The Philadelphia Story (1940)	Boogie Nights (1997)

이 방식은 평점 매트릭스를 사용하는 IBCF와 유사하지만, 평점을 고려하지 않기 때문에 결과는 덜 정확하다.

이진 데이터에 대한 사용자 기반 협업 필터링

IBCF와 마찬가지로 UBCF에도 Jaccard 인덱스를 사용해야 한다. 두 사용자가 주어진 경우, 인덱스는 두 사용자 모두 구매한 아이템의 수를 적어도 그들 중 한 명 이상 구매한 아이템의 수로 나눈 값으로 계산된다. 수학 기호는 이전 절과 같다.

$$distance\left(user_1, user_2\right) = \frac{user_1 \cap user_2}{user_1 \cup user_2}$$

추천 모델을 만들어본다.

```
recc_model <- Recommender(data = recc_data_train,
method = "UBCF",parameter = list(method = "Jaccard"))
```

IBCF에서도 같은 명령어를 사용해 각 사용자에게 여섯 편의 영화를 추천하고, 처음 네 명의 사용자를 살펴본다.

```
n_recommended <- 6
recc_predicted <- predict(object = recc_model,newdata = recc_data_test,n =
n_recommended)
recc_matrix <- sapply(recc_predicted@items, function(x){colnames(ratings_
movies)[x]})
dim(recc_matrix)
## [1]   6 109
recc_matrix[, 1:4]
```

The Shawshank Redemption (1994)	Titanic (1997)
Casablanca (1942)	Cinema Paradiso (1988)
Braveheart (1995)	Lone Star (1996)
The Terminator (1984)	L.A. Confidential (1997)
The Usual Suspects (1995)	Singin' in the Rain (1952)
Twelve Monkeys (1995)	Leaving Las Vegas (1995)
Titanic (1997)	Monty Python and the Holy Grail (1974)
Usual Suspects, The (1995)	The Shawshank Redemption (1994)
Groundhog Day (1993)	Schindler's List (1993)
The Shawshank Redemption (1994)	Young Frankenstein (1974)
The Blues Brothers (1980)	The Usual Suspects (1995)
Monty Python and the Holy Grail (1974)	North by Northwest (1959)

결과가 IBCF와는 다르다.

이 기법들은 0이 누락된 값으로 가정한다. 그러나 이진 매트릭스만 다루는 기법에서는 나쁜 평점으로 취급하는 옵션도 있다.

사용자 대부분이 아이템에 평점을 부여하지 않을 경우와 같이, 0-1 매트릭스의 여러 가지 실생활 사례가 있다. 그러므로 이러한 맥락에서 추천 시스템을 만드는 방법을 아는 것이 중요하다.

협업 필터링에 대한 결론

이 책은 추천 시스템에서 가장 대중적인 기법의 하나인 협업 필터링을 중점적으로 다루고 있다. 또한 recommenderlab에서는 협업 필터링만 지원된다.

그러나 협업 필터링이 항상 가장 적합한 기법은 아니다. 이 장에서는 협업 필터링의 한계와 몇 가지 대안의 개요를 살펴본다.

협업 필터링의 한계

협업 필터링에는 몇 가지 제한 사항이 있다. 새로운 사용자 또는 새 아이템을 처리할 때 알고리즘에 다음과 같은 문제가 발생한다.

- 새로운 사용자가 아직 영화를 보지 못했다면 IBCF와 UBCF 모두 어느 아이템도 추천할 수 없다. IBCF는 새 사용자가 구매한 아이템을 알지 못하면 동작할 수 없다. UBCF는 기존 사용자가 새로운 사용자와 유사한 선호도를 가졌는지 알아야 하지만 영화 평점에 대해 알지 못한다.

- 새 아이템을 다른 사람이 구매하지 않은 경우에는 절대로 추천되지 않는다. IBCF의 경우, 같은 사용자가 구매했던 아이템들과 맞춰보더라도 다른 것들과 새 아이템이 일치하지 않을 것이다. UBCF는 유사한 사용자가 구매한 아이템

들을 각 사용자에게 추천한다. 하지만 아무도 새 아이템을 구매하지 않았다면 알고리즘은 누구에게도 추천하지 않을 것이다.

따라서 새로운 아이템이 추천 대상에 포함되지 않을 수 있으며, 이런 제약을 콜드 스타트Cold Start 문제라고 부른다. 새로운 사용자 또는 아이템을 포함시키려면 사용자 프로필 및 아이템 설명과 같은 다른 정보도 고려해야 한다.

협업 필터링의 또 다른 한계는 평점 매트릭스만 고려한다는 것이다. 많은 경우 추천 성능을 향상할 수 있는 몇 가지 추가 정보가 있다. 덧붙이면, 사용자 선호도는 항상 사용할 수 있는 것은 아니며 불완전할 수도 있다.

다음 절에서는 몇 가지 다른 접근법을 살펴본다.

콘텐츠 기반 필터링

또 다른 대중적인 기법은 콘텐츠 기반 필터링이다. 알고리즘은 아이템에 대한 세부 정보로 시작되고 동시에 다른 사용자들은 고려할 필요가 없다. 각 사용자에 대해 알고리즘은 과거 구매와 유사한 아이템을 추천한다.

다음은 추천을 수행하는 단계다.

1. 아이템의 세부 정보를 정의한다.
2. 구매를 기반으로 사용자 프로필을 정의한다.
3. 각 사용자에게 프로필과 일치하는 아이템을 추천한다.

사용자 프로필은 구매를 기반으로 하므로 알고리즘은 과거에 구매했던 것과 비슷한 아이템을 추천한다.

▌ 하이브리드 추천 시스템

많은 상황에서 서로 다른 협업 기반 필터링과 콘텐츠 기반 필터링으로 모델을 만들 수 있다. 동시에 두 개 모두를 고려한다면 어떨까? 머신 러닝에서는 서로 다른 모델을 결합하는 방식이 더 좋은 결과를 보이기도 한다.

간단한 예는 사용자 및 아이템에 대한 정보가 결합한 협업 필터링이다. IBCF의 경우 아이템 간 유사도는 사용자 선호도와 아이템 정보가 동시에 고려될 수 있다. UBCF에서도 사용자 간 유사도는 선호도와 개인정보를 고려할 수 있다.

추천 시스템에서는 이러한 모델을 하이브리드Hybrid라고 부르며 협업 필터링 모델을 결합하는 다양한 방법들이 있다.

병렬 하이브리드 시스템Parallelized Hybrid System은 추천 모듈을 병렬로 각각 실행하고 그 결과를 결합한다. 다음과 같은 몇 가지 옵션이 있다.

- 각 사용자에 대한 추천 결과들 중 하나를 선택하는 규칙을 정의한다. 규칙은 사용자 프로필 또는 추천 내용을 기반으로 할 수 있다.
- 여러 추천 결과들 순위의 평균을 계산하고 그 평균에 가중치를 적용할 수 있다.

파이프라인 하이브리드 시스템Pipelined Hybrid System은 서로 다른 추천 시스템들을 차례대로 수행한다. 각 추천 시스템의 결과는 다른 추천 시스템의 입력 값으로 반영된다.

모놀리식 하이브리드 시스템Monolithic Hybrid System은 동일한 추천 알고리즘 내에서 다양한 방식으로 수행한 결과를 통합한다. 몇 가지 옵션은 다음과 같다.

- **특징 조합**Feature Combination : 다양한 유형의 입력 정보를 조합한다. 예를 들면, 알고리즘은 평점, 사용자 프로필, 아이템 세부 정보를 고려할 수 있다.
- **특징 확대**Feature Augmentation : 다른 데이터 정보를 결합해 추천 모듈의 입력 정보를 만든다.

지식 기반 추천 시스템

협업 기반 필터링 및 콘텐츠 기반 필터링이 작동되지 않는 상황들이 있다.

이러한 맥락에서 우리는 사용자와 제품에 대한 명확한 지식과 추천 기준을 사용할 수 있다. 이 기법들의 한 분야를 지식 기반knowledge-based이라고 부른다. 여기에는 다양한 기법들이 있으며, 데이터 및 비즈니스 상황에 따라 다르다. 이러한 이유로 몇 가지 기법들로 서로 다른 상황에서 적용할 수 있도록 정의하기는 어렵다.

요약

추천을 위한 다양한 기법 중에서 협업 필터링이 가장 구현하기 쉽다. 또한 상황에 따라 다른 콘텐츠 기반 필터링 알고리즘은 여전히 R로도 구현해볼 수 있다.

이 장에서는 협업 필터링에 중점을 두면서 추천 시스템에 대한 다양한 접근 방식을 보여줬다. 다음 장에서는 추천 기법들을 테스트하고 평가하는 방법을 설명한다.

04

추천 시스템의 평가

이전 장에서는 추천 시스템들을 어떻게 만드는지 알아봤다. 몇 가지 선택 사항에 따라, 그중 일부는 recommenderlab 패키지를 사용해 개발할 수 있다. 또한 각 추천 기법에는 약간의 매개변수의 설정도 필요하다. 추천 모델들을 만든 후에는 어떤 모델을 사용할 것인지 어떻게 결정할 수 있을까? 매개변수는 어떻게 결정할 수 있을까? 모델 중 일부나 매개변수 설정에 따른 추천 성능을 먼저 테스트해, 그중에서 가장 좋은 성능을 가지는 모델과 매개변수를 고를 수 있다.

지금부터는 어떻게 모델을 평가하고 모델의 성능을 비교하며 가장 적합한 모델을 고르는지 알아본다. 이 장에서는 다음의 주제들을 다룬다.

- 모델을 평가하기 위한 데이터 준비
- 몇몇 모델들에 대한 성능 평가

- 가장 좋은 성능을 가지는 모델의 선택
- 모델의 매개변수 최적화

▌ 모델 평가를 위한 데이터 준비

모델을 평가하려면 데이터 중 일부로 모델을 만들고 나머지로 테스트해야 한다. 여기에서는 데이터의 두 가지 세트를 어떻게 준비하는지 알아본다. recommenderlab 패키지에는 이러한 작업을 수행하는 데 도움이 되는 도구들이 포함돼 있다.

다음과 같은 두 개의 데이터 세트를 정의하는 것이 목표다.

- **트레이닝 세트**^{Training set}: 모델을 만들기 위한 데이터 세트다.
- **테스트 세트**^{Testing set}: 만들어진 모델을 테스트하기 위한 데이터 세트다.

모델을 평가하려면 모델의 추천 결과와 사용자 선호도(평점)를 비교해야 한다. 이를 위해서는 테스트 세트의 사용자 선호도를 모르는 상태에서 추천 기법을 통해 예측할 수 있는지 확인해야 한다. 즉, 테스트 세트의 사용자별 데이터는 무시하고 트레이닝 세트의 데이터를 기반으로 추천 결과를 만들어야 한다. 먼저 필요한 패키지를 불러온다.

```
set.seed(1)
library(recommenderlab)
library(ggplot2)
```

여기서는 MovieLense라는 데이터 세트를 사용한다. 이 데이터 세트에서 출현 빈도가 높은 사용자 및 영화만 포함하는 데이터 세트인 ratings_movies를 정의한다.

```
data(MovieLense)
ratings_movies <- MovieLense[rowCounts(MovieLense) > 50, colCounts
(MovieLense) > 100]
```

```
ratings_movies
## 560 x 332 rating matrix of class 'realRatingMatrix' with 55298 ratings.
```

이제 평가를 위한 데이터가 준비됐다.

데이터 분할

트레이닝 및 테스트 세트를 만드는 가장 쉬운 방법은 데이터를 두 부분으로 나누는 것이다. 먼저, 각 부분에 사용자를 얼마만큼 넣을지를 결정해야 한다. 예를 들어, 사용자의 80%를 트레이닝 세트로 지정할 수 있다. 다음과 같이 트레이닝 세트의 비율을 지정해 percentage_training을 정의할 수 있다.

```
percentage_training <- 0.8
```

다음으로 테스트 세트의 사용자별로 추천 결과를 만들 때 사용할 아이템 수를 정의해야 한다. 나머지 아이템들은 모델의 정확도를 테스트하는 데 사용될 것이다. 이 매개변수는 모델을 테스트할 아이템이 없는 사용자가 없도록 사용자가 구매한 아이템 수의 최솟값보다 적은 것이 좋다.

```
min(rowCounts(ratings_movies))
## _18_
```

예를 들어 아이템 수를 15개 밑으로 유지한다.

```
items_to_keep <- 15
```

모델은 사용자의 평점을 알 수 없는 아이템들에 대해 추천 결과와 비교하는 것으로 평가된다. 평점은 1에서 5 사이며, 좋고 나쁜 평점을 정의해야 한다. 이를 위해 좋음으로 간주하는 평점의 임계 값^{threshold}을 정의한다.

```
rating_threshold <- 3
```

또한 평가를 몇 번이나 실행할지를 정의하는 추가적인 매개변수가 있다. 여기서는 임시로 1로 설정한다.

```
n_eval <- 1
```

이제 데이터를 나눌 준비가 됐다. 이 작업의 수행을 지원하는 recommenderlab 패키지의 함수는 evaluationScheme이며 다음과 같은 매개변수를 지정할 수 있다.

- data: 초기 데이터 세트다.
- method: 데이터를 나누는 방법을 정한다. 이 경우에는 split이다.
- train: 트레이닝 세트로 할당할 비율(백분율)이다.
- given: 유지할 아이템의 수다.
- goodRating: 평점의 임계 값이다.
- k: 평가를 실행할 반복 횟수다.

이제 나눠진 데이터 세트를 포함한 eval_sets를 만들어본다.

```
eval_sets <- evaluationScheme(data = ratings_movies,
method = "split", train = percentage_training,
given = items_to_keep, goodRating = rating_threshold, k = n_eval)
eval_sets
## Evaluation scheme with 15 items given
## Method: 'split' with 1 run(s).
## Training set proportion: 0.800
## Good ratings: >=3.000000
```

```
## Data set: 560 x 332 rating matrix of class 'realRatingMatrix' with 55298
ratings.
```

getData 함수를 사용해 다음과 같이 세 가지로 나뉜 데이터 세트를 확인할 수 있다.

- train: 트레이닝 세트다.
- known: 추천 결과를 만들기 위해 사용된 아이템들을 가진 테스트 세트다.
- unknown: 추천 결과를 테스트하기 위해 사용되는 아이템들을 가진 테스트 세트다.

먼저, 트레이닝 세트를 살펴본다.

```
getData(eval_sets, "train")
## 448 x 332 rating matrix of class 'realRatingMatrix' with 44472 ratings.
```

getData 함수의 실행 결과는 realRatingMatrix 유형으로 nrow나 rowCounts와 같은 함수를 사용할 수 있다.

```
nrow(getData(eval_sets, "train")) / nrow(ratings_movies)
## _0.8_
```

예상대로 약 80%의 사용자가 트레이닝 세트에 포함돼 있다. 다음으로 두 가지의 테스트 세트를 살펴본다.

```
getData(eval_sets, "known")
## 112 x 332 rating matrix of class 'realRatingMatrix' with 1680 ratings.
getData(eval_sets, "unknown")
## 112 x 332 rating matrix of class 'realRatingMatrix' with 9146 ratings.
```

둘 다 같은 수의 사용자를 가지고 있다. 또한 테스트 세트에는 약 20%의 데이터가 포함돼 있어야 한다.

```
nrow(getData(eval_sets, "known")) / nrow(ratings_movies)
## _0.2_
```

모두 예상대로다. 다음으로 known 세트의 사용자별로 얼마만큼의 아이템을 가졌는지 살펴본다. 이 값은 items_to_keep과 같은 15다.

```
unique(rowCounts(getData(eval_sets, "known")))
## _15_
```

unknown 세트는 사용자별로 구매한 횟수에 따라 달라지므로 가지고 있는 아이템의 수는 사용자마다 다르다.

```
qplot(rowCounts(getData(eval_sets, "unknown"))) +
geom_histogram(binwidth = 10) +
ggtitle("unknown items by the users")
```

다음의 도표는 사용자별 unknown 아이템들을 보여준다.

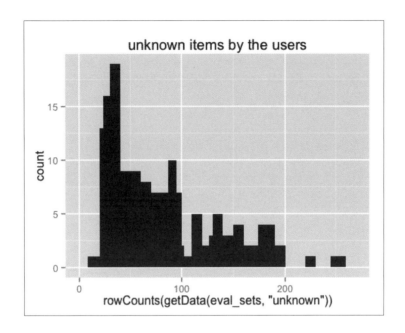

예상대로 사용자들이 가지고 있는 아이템의 수는 다양하다.

데이터 부트스트랩

이전 절에서는 데이터를 두 부분으로 나눴고 트레이닝 세트에는 행의 80%가 포함됐다. 대신에 복원 추출Sampling with Replacement을 한다면 어떻게 될까? 같은 사용자가 여러 번 포함될 수 있으므로 트레이닝 세트는 이전과 같은 크기를 가지고 있지만, 테스트 세트에는 더 많은 사용자가 포함된다. 이러한 방법을 부트스트래핑bootstrapping이라 하며 recommenderlab 패키지에서 지원한다. evaluationScheme 함수의 매개변수는 이전 방법과 거의 유사하지만, 차이점은 [method = "split"] 대신 [method = "bootstrap"]으로 지정한다는 것이다.

```
percentage_training <- 0.8
items_to_keep <- 15
rating_threshold <- 3
n_eval <- 1
eval_sets <- evaluationScheme(data = ratings_movies, method = "bootstrap",
train = percentage_training, given = items_to_keep,
goodRating = rating_threshold, k = n_eval)
```

트레이닝 세트의 사용자 수는 여전히 전체 데이터의 80%다.

```
nrow(getData(eval_sets, "train")) / nrow(ratings_movies)
## _0.8_
```

하지만 테스트 세트의 아이템들은 이전과 같지 않다.

```
perc_test <- nrow(getData(eval_sets, "known")) / nrow(ratings_movies)
perc_test
## _0.4393_
```

테스트 세트는 이전보다 두 배 이상 커졌다.

트레이닝 세트에서 고유한 사용자를 확인할 수 있다.

```
length(unique(eval_sets@runsTrain[[1]]))
## _314_
```

트레이닝 세트의 고유한 사용자의 백분율은 다음과 같이 테스트 세트의 사용자 백분율과 보완적이어야 한다.

```
perc_train <- length(unique(eval_sets@runsTrain[[1]])) / nrow(ratings_
movies)
perc_train + perc_test
## _1_
```

트레이닝 세트에서 사용자별로 얼마나 반복됐는지 셀 수 있다.

```
table_train <- table(eval_sets@runsTrain[[1]])
n_repetitions <- factor(as.vector(table_train))
qplot(n_repetitions) + ggtitle("Number of repetitions in the training set")
```

다음의 도표는 트레이닝 세트의 사용자 반복 횟수를 나타낸다.

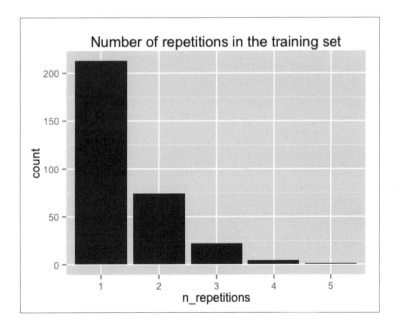

사용자 대부분은 네 번 미만으로 샘플링됐다.

k-fold를 사용해 모델 확인

이제까지 살펴본 두 접근법은 사용자 중 일부에 대한 추천 결과를 테스트했다. 대신에, 사용자별 추천 결과를 테스트하면 훨씬 더 정확하게 성능을 측정할 수 있다. 데이터를 몇 개의 덩어리들로 나눌 수 있고, 테스트 세트로 이 덩어리를 가져와 정확도를 평가할 수 있다. 그런 다음, 덩어리별로 같게 평균 정확도를 계산할 수 있다. 이러한 방법을 k-fold라고 하며 recommenderlab 패키지에서 지원한다.

evaluationScheme 함수를 사용할 때, 트레이닝 세트에 넣을 데이터의 비율을 지정하는 대신에 원하는 덩어리의 개수를 지정하는 것이 차이점이다. 매개변수는 이전 예제에서의 반복 횟수와 마찬가지로 k다. 이전과 달리 train은 지정할 필요가 없다.

```
n_fold <- 4
eval_sets <- evaluationScheme(data = ratings_movies,
method = "cross-validation", k = n_fold,
given = items_to_keep, goodRating = rating_threshold)
```

세트별로 얼마나 많은 아이템이 포함돼 있는지 셀 수 있다.

```
size_sets <- sapply(eval_sets@runsTrain, length)
size_sets
## _420_, _420_, _420_ and _420_
```

예상대로 모든 세트는 같은 크기다.

이 접근법은 더 많은 계산이 필요하겠지만 가장 정확한 방법이다.

지금까지 트레이닝 및 테스트 세트를 준비하기 위한 다양한 접근법을 살펴봤다. 이어서 평가를 진행한다.

▌ 추천 결과 평가

이제부터 추천 결과를 평가하기 위한 두 가지 일반적인 접근법을 알아본다. 이들은 지금까지 알아본 교차 검증^{Cross Validation} 구조를 기반으로 한다.

첫 번째 방법은 알고리즘에 의해 추정되는 평점을 평가하는 것이고, 또 다른 방법은 추천 결과를 직접 평가하는 것이다. 이제부터 각 접근법을 알아본다.

예측 평점 평가

새로운 사용자에게 아이템을 추천하기 위해 협업 필터링^{Collaborative Filtering}은 아직 구매하지 않은 아이템의 평점을 추정한다. 그런 다음, 그중에서 최상위 아이템들을 추천한다. 지금은 마지막 단계에 대해서는 무시한다. 추정된 평점과 실제 평점을 비교하면 모델을 평가할 수 있다.

먼저, 이전에 설명한 것처럼 검증을 위한 데이터를 준비한다. 여기서는 k-fold가 가장 정확한 접근법이기 때문에 이를 사용한다.

```
n_fold <- 4
items_to_keep <- 15
rating_threshold <- 3
eval_sets <- evaluationScheme(data = ratings_movies,
method = "cross-validation", k = n_fold,
given = items_to_keep, goodRating = rating_threshold)
```

먼저 평가할 모델을 정의해야 한다. 여기서는 아이템 기반 협업 필터링^{IBCF, Item-based Collaborative Filtering}을 사용하는 추천 방식을 평가한다. 이를 위해 Recommender 함수를 사용해 모델을 만든다.

먼저 모델의 이름과 매개변수를 지정한다. 매개변수는 기본값을 사용한다면 NULL 이다.

```
model_to_evaluate <- "IBCF"
model_parameters <- NULL
```

이제 다음의 코드를 사용해 모델을 만든다.

```
eval_recommender <- Recommender(data = getData(eval_sets, "train"),
method = model_to_evaluate,
parameter = model_parameters)
```

IBCF는 새로운 아이템을 추천하거나 평점을 예측할 수 있다. 모델을 만들려면 매개변수를 사용할 필요가 없더라도 추천할 아이템 수(예를 들면 10)를 지정해야 한다.

```
items_to_recommend <- 10
```

predict 함수를 사용해 예측된 평점의 매트릭스를 만들 수 있다.

```
eval_prediction <- predict(object = eval_recommender, newdata =
getData(eval_sets, "known"),
n = items_to_recommend, type = "ratings")
class(eval_prediction)
## realRatingMatrix
```

eval_prediction 객체는 평점 매트릭스Rating Matrix 유형이다. 사용자별로 얼마나 많은 영화를 추천하는지 살펴본다. 이를 위해 사용자별 영화의 분포를 시각화할 수 있다.

```
qplot(rowCounts(eval_prediction)) +
geom_histogram(binwidth = 10) +
ggtitle("Distribution of movies per user")
```

다음 도표는 사용자별 영화의 분포를 보여준다.

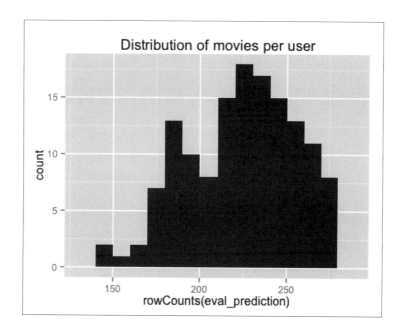

사용자별 영화의 수는 대부분 150에서 300 사이다.

calcPredictionAccuracy는 정확도를 측정하는 함수며 다음과 같은 값들을 계산한다.

- **RMSE**[Root mean square error] : 실제 평점과 예측 평점 간 차이의 제곱에 대해 평균을 취하고 이를 제곱근한 것으로, 표준 편차다.
- **MSE**[Mean squared error] : 실제 평점과 예측 평점 간 차이의 제곱에 대해 평균을 취한 것이다. 그것은 RMSE의 제곱근이므로 같은 정보를 포함한다.
- **MAE**[Mean absolute error] : 실제 평점과 예측 평점 간 차이의 절댓값의 평균이다.

byUser = TRUE를 지정해 사용자별로 계산할 수 있다.

```
eval_accuracy <- calcPredictionAccuracy(
x = eval_prediction, data = getData(eval_sets, "unknown"), byUser = TRUE)
head(eval_accuracy)
```

	RMSE	MSE	MAE
1	1.217	1.481	0.8205
2	0.908	0.8244	0.727
6	1.172	1.374	0.903
14	1.405	1.973	1.027
15	1.601	2.562	1.243
18	0.8787	0.7721	0.633

사용자별 RMSE를 살펴본다.

```
qplot(eval_accuracy[, "RMSE"]) +
geom_histogram(binwidth = 0.1) +
ggtitle("Distribution of the RMSE by user")
```

다음 도표는 사용자별 RMSE의 분포를 보여준다.

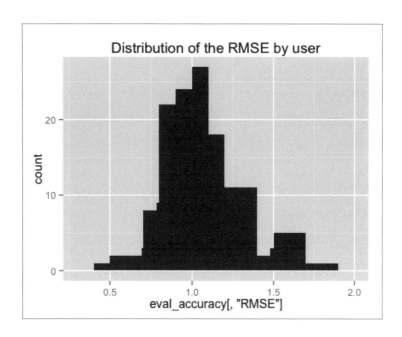

RMSE의 범위는 대부분 0.8에서 1.4 사이이며, 각 사용자의 모델을 평가했다. 전체 모델의 성능 지표를 확보하려면 byUser = FALSE를 지정해 평균 지수를 계산해야 한다.

```
eval_accuracy <- calcPredictionAccuracy(x = eval_prediction,
data = getData(eval_sets, "unknown"),
byUser = FALSE)
eval_accuracy
## _1.101_, _1.211_ and _0.8124_
```

이 측정값은 같은 데이터에 대한 서로 다른 모델의 성능을 비교하는 데 유용하다.

추천 결과 평가

정확성을 측정하는 또 다른 방법은 추천 결과들을 긍정적인 평점을 가진 구매와 비교하는 것이다. 이를 지원하는 recommenderlab 패키지의 함수는 evaluate며, 다음과 같은 매개변수를 지정할 수 있다.

- x: 평가 체계를 포함하는 객체다.
- method: 추천 기법이다.
- n: 사용자별로 추천할 아이템 수다. 벡터로 지정할 수 있으며, 이 경우 함수는 n별로 추천 성능을 평가한다.

이미 rating_threshold <- 3으로 임계 값을 정했고, 이 매개변수는 eval_sets 내부에 저장돼 있다. progress = FALSE 매개변수로 진행 내용을 나타내지 않는다.

```
results <- evaluate(x = eval_sets, method = model_to_evaluate, n = seq(10,
100, 10))
class(results)
## evaluationResults
```

결과 객체는 평가 결과가 포함된 evaluationResults 객체다. getConfusionMatrix 함수를 사용해 혼동 매트릭스^{Confusion Matrix}를 추출할 수 있다. 목록의 각 요소는 k-fold로 분할된 덩어리들과 일치한다. 먼저 첫 번째 요소를 살펴본다.

```
head(getConfusionMatrix(results)[[1]])
```

	TP	FP	FN	TN	precision	recall	TPR	FPR
10	3.443	6.557	70.61	236.4	0.3443	0.04642	0.04642	0.02625
20	6.686	13.31	67.36	229.6	0.3343	0.09175	0.09175	0.05363
30	10.02	19.98	64.03	223	0.334	0.1393	0.1393	0.08075
40	13.29	26.71	60.76	216.2	0.3323	0.1849	0.1849	0.1081
50	16.43	33.57	57.62	209.4	0.3286	0.2308	0.2308	0.1362
60	19.61	40.39	54.44	202.6	0.3268	0.2759	0.2759	0.164

처음 네 개의 열은 참과 거짓에 대한 긍정과 부정을 포함하며 다음과 같다.

- TP^True Positive : 구매됐으며 추천된 아이템
- FP^False Positive : 구매되지 않았으며 추천되지 않은 아이템
- FN^False Negative : 구매됐으나 추천된 아이템이 아님
- TN^True Negative : 구매되지 않았으나 추천된 아이템이 아님

완벽한(오버피팅된) 모델은 TP와 TN만을 가지게 된다.

만일 동시에 모든 분할을 고려하려면 다음처럼 요약한다.

```
columns_to_sum <- c("TP", "FP", "FN", "TN")
indices_summed <- Reduce("+", getConfusionMatrix(results))[, columns_to_sum]
head(indices_summed)
```

	TP	FP	FN	TN
10	13.05	26.95	279.3	948.7
20	25.4	54.6	267	921
30	37.74	82.26	254.7	893.4
40	50.58	109.4	241.8	866.2
50	62.35	137.7	230	838
60	74.88	165.1	217.5	810.5

대신에 avg(results)를 사용할 수도 있는 점에 유의하자.

나머지 네 개의 열은 성능 지표를 포함하고 있으며 모든 fold에 대한 요약은 어렵다. 하지만 이를 시각화할 수 있다.

먼저 다음의 요인을 나타내는 ROC 곡선을 만들어본다.

- TPR[True Positive Rate]: 구매된 아이템 중 추천 아이템의 비율이다. TP를 구매한 아이템 수(TP + FN)로 나눈 값이다.
- FPR[False Positive Rate]: 구매되지 않은 아이템 중 추천 아이템의 비율이다. FP를 구매하지 않은 아이템 수(FP + TN)로 나눈 값이다.

plot 함수는 ROC 곡선을 사용한 도표를 만든다. 레이블을 표시하기 위해 annotate = TRUE를 매개변수로 추가한다.

```
plot(results, annotate = TRUE, main = "ROC curve")
```

다음 도표는 ROC 곡선을 보여준다.

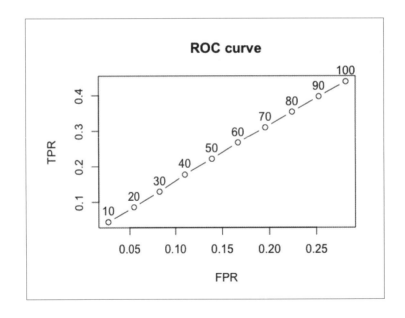

정확도 평가 지표는 다음의 두 가지다.

- **정확도**Precision: 추천된 아이템 중 구매 비율이다. FP를 긍정의 수(TP + FP)로 나눈 값이다.
- **재현력**Recall: 구매된 아이템 중 추천 아이템의 비율이다. TP의 수를 구매한 아이템 수(TP + FN)로 나눈 값으로 TPRTrue Positive Rate과 같다.

추천된 아이템의 구매 비율이 낮으면 일반적으로 정확도가 감소한다. 반면에 추천된 아이템의 구매 비율이 높을수록 재현력이 증가한다.

```
plot(results, "prec/rec", annotate = TRUE, main = "Precision-recall")
```

다음 도표는 정확도별 재현력을 보여준다.

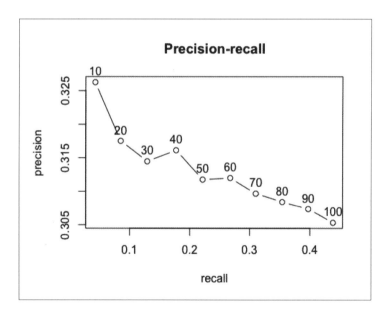

이 도표는 정확도와 재현력 간의 반비례tradeoff 관계를 보여준다. 그래프는 완벽하게 단조적monotonic이지는 않지만 추세는 예상대로다.

이제까지 모델을 평가하는 방법을 살펴봤다. 이어서 두 개 이상의 모델을 비교하는 방법을 살펴본다.

▋ 가장 적합한 모델 식별

지금까지 모델을 평가하는 방법을 알아봤다. 성능 지표는 다양한 모델 또는 매개변수를 비교하는 데 유용하다. 같은 데이터에 여러 기법을 적용하고 성능 지표를 비교하면 가장 적합한 추천 방식을 선택할 수 있다. 다양한 평가 지표가 존재하므로 객관적인 방법은 없다.

이전에 알아본 k-fold 평가 구조로 시작해본다. 이는 eval_sets에 저장돼 있다.

모델 비교

서로 다른 모델을 비교하기 위해 먼저 모델을 정의해야 한다. 각 모델은 이름과 매개변수를 가진 목록에 저장된다. 목록의 구성 요소는 다음과 같다.

- name: 모델의 이름이다.
- param: 매개변수의 목록이다. 모든 매개변수가 기본값으로 사용되면 NULL이 될 수 있다.

예를 들어 매개변수 k를 20으로 설정한 아이템 기반 협업 필터링을 정의할 수 있다.

```
list(name = "IBCF", param = list(k = 20))
```

다른 모델을 평가하기 위해 목록을 정의할 수 있다. 다음과 같이 필터링을 구성할 수 있다.

- 코사인Cosine을 거리 함수로 사용하는 아이템 기반 협업 필터링
- 피어슨 상관 계수Pearson Correlation를 거리 함수로 사용하는 아이템 기반 협업 필터링
- 거리 함수로 코사인을 사용하는 사용자 기반 협업 필터링
- 피어슨 상관 계수를 거리 함수로 사용하는 사용자 기반 협업 필터링
- 베이스라인을 가지는 무작위Random 추천

위의 내용은 다음 코드처럼 정의된다.

```
models_to_evaluate <- list(
  IBCF_cos = list(name = "IBCF", param = list(method = "cosine")),
  IBCF_cor = list(name = "IBCF", param = list(method = "pearson")),
  UBCF_cos = list(name = "UBCF", param = list(method = "cosine")),
  UBCF_cor = list(name = "UBCF", param = list(method = "pearson")),
  random = list(name = "RANDOM", param=NULL)
)
```

모델을 올바르게 평가하기 위해서는 아이템 수를 변경해가며 테스트할 필요가 있다. 예를 들어 사용자별로 최대 100편의 영화를 추천할 수 있다. 추천 결과로 이미 큰 수이므로 더 큰 값을 포함시킬 필요는 없다.

```
n_recommendations <- c(1, 5, seq(10, 100, 10))
```

모델을 실행하고 평가할 준비가 됐다. 이전까지와 마찬가지로 evaluate 함수가 사용된다. 유일한 차이점은 method가 모델의 목록이라는 것이다.

```
list_results <- evaluate(x = eval_sets, method = models_to_evaluate,
n = n_recommendations)
class(list_results)
## evaluationResultList
```

list_results 객체는 evaluationResultList 객체 유형이며 리스트로 처리될 수 있다. 첫 번째 요소를 살펴본다.

```
class(list_results[[1]])
## evaluationResults
```

list_results의 첫 번째 요소는 evaluationResults 객체며 이 객체는 하나의 모델만 사용한 evaluate 실행 결과와 같다. 우리는 모든 요소에 대해 같은지를 확인할 수 있다.

```
sapply(list_results, class) == "evaluationResults"
## TRUE TRUE TRUE TRUE TRUE
```

list_results의 각 요소는 evaluationResults 객체 유형이다. avg를 사용해 평균 혼동 매트릭스를 추출할 수 있다.

```
avg_matrices <- lapply(list_results, avg)
```

이제 avg_matrices를 사용한 성능 평가를 할 수 있다. 예를 들어 코사인 거리 기반의 IBCF를 살펴본다.

```
head(avg_matrices$IBCF_cos[, 5:8])
```

	precision	recall	TPR	FPR
1	0.3589	0.004883	0.004883	0.002546
5	0.3371	0.02211	0.02211	0.01318
10	0.3262	0.0436	0.0436	0.02692
20	0.3175	0.08552	0.08552	0.0548
30	0.3145	0.1296	0.1296	0.08277
40	0.3161	0.1773	0.1773	0.1103

이전에 알아본 모든 평가 지표가 있다. 다음으로 이러한 평가 지표를 살펴보고 최적의 성능 모델을 파악해본다.

가장 적합한 모델 식별

이전과 마찬가지로 plot을 사용해 ROC 곡선을 나타내는 도표를 만들어 모델을 비교할 수 있다. annotate 매개변수는 레이블을 포함할 커브를 지정한다. 예를 들어 첫 번째와 두 번째 곡선은 annotate = c (1, 2)를 정의함으로써 레이블링된다. 지금은 첫 번째 곡선에만 레이블을 붙일 것이다.

```
plot(list_results, annotate = 1, legend = "topleft")
title("ROC curve")
```

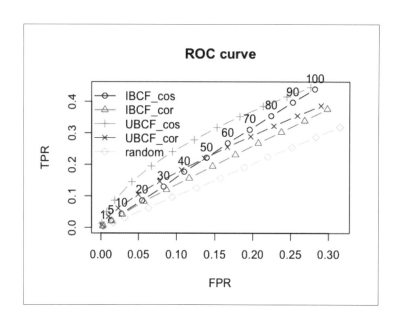

좋은 성능 지표는 그래프가 가지는 면적이 커지게 되므로 AUC[Area Under the Curve], 즉 ROC 곡선 아래 면적으로 성능을 가늠할 수 있다. 여기서는 계산하지 않아도, 가장 높은 것이 코사인 거리 기반의 UBCF임을 알 수 있으며 최적의 성능을 가지는 기법이다.

이전과 마찬가지로 정확도별 재현력 도표를 만들 수 있다.

```
plot(list_results, "prec/rec", annotate = 1, legend = "bottomright")
title("Precision-recall")
```

다음 도표는 정확도별 재현력을 보여준다.

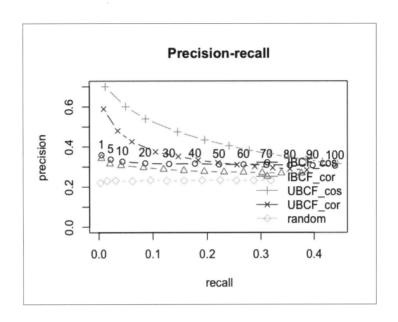

코사인 거리 기반의 UBCF는 여전히 최적의 성능을 가지는 모델이다. 달성하고자 하는 목적에 따라, 추천할 아이템의 수를 적절하게 설정할 수 있다.

매개변수 최적화

추천 모델에는 숫자 매개변수가 종종 포함된다. 예를 들어 IBCF는 가장 가까운 k개의 아이템들을 고려한다. 어떻게 k를 최적화할 수 있을까?

범주 매개변수와 유사한 방법으로 숫자 매개변수의 다양한 값을 테스트할 수 있다. 이 경우에는 테스트하고자 하는 값을 정의해야 한다.

이제까지는 k를 기본값(30)으로 지정했지만 5와 40 사이의 범위로 다양하게 탐색할 수 있다.

```
vector_k <- c(5, 10, 20, 30, 40)
```

lapply를 사용해 평가할 모델의 목록을 정의할 수 있다. 거리 매트릭은 코사인이다.

```
models_to_evaluate <- lapply(vector_k, function(k){
  list(name = "IBCF", param = list(method = "cosine", k = k))
})
names(models_to_evaluate) <- paste0("IBCF_k_", vector_k)
```

이전과 같은 방법으로 모델을 만들고 평가해본다.

```
n_recommendations <- c(1, 5, seq(10, 100, 10))
list_results <- evaluate(x = eval_sets,
method = models_to_evaluate, n = n_recommendations)
```

ROC 곡선을 도표로 만들어보면 가장 성능이 좋은 k를 식별할 수 있다.

```
plot(list_results, annotate = 1, legend = "topleft")
title("ROC curve")
```

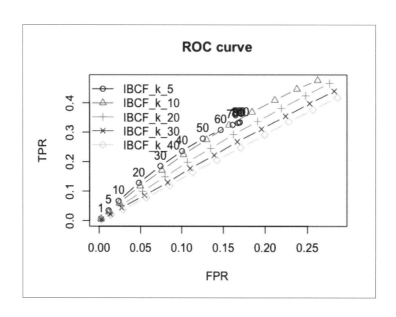

가장 큰 AUC를 가진 *k*는 10이다. 그다음으로 좋은 후보는 5이지만 높은 TPR은 가질 수 없다. 이는 매우 높은 n 값을 설정하더라도 사용자가 선호하는 아이템을 높은 비율로 추천할 수 없기 때문이다. k = 5인 IBCF는 구매와 유사한 몇 가지 아이템만을 추천한다. 따라서 많은 아이템을 추천하는 데 사용할 수 없다.

다음으로 정확도별 재현력 도표를 살펴본다.

```
plot(list_results, "prec/rec", annotate = 1, legend = "bottomright")
title("Precision-recall")
```

다음 도표는 정확도별 재현력을 보여준다.

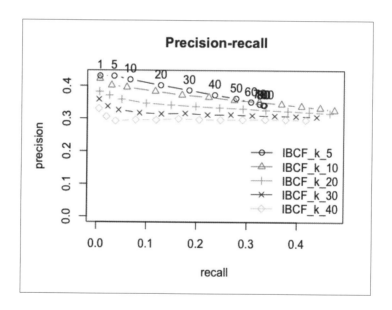

가장 높은 재현력을 얻으려면 k = 10으로 설정해야 한다. 정확도에 더 비중을 둔다면 k = 5로 설정한다.

지금까지 서로 다른 방법을 사용하는 네 가지 기법을 평가했다. 그런 다음 그중 하나의 숫자 매개변수를 최적화했다. 달성하고자 하는 목적에 따라 매개변수의 선택은 다를 수 있다.

▋ 요약

지금까지 가장 정확한 모델을 선택하기 위해 다양한 모델의 성능을 평가하는 방법을 알아봤다. 다양한 선택으로 이어질 수 있는 잠재적인 성능을 평가하는 다양한 방법이 있다. 비즈니스 목표에 따라 평가 척도가 달라진다. 이는 최종 결과를 달성하기 위해 비즈니스와 데이터가 결합하는 예다.

다음 장에서는 데이터를 준비하고, 서로 다른 모델을 만들어 테스트하는 완전한 사용 사례에 관해 알아본다.

05

사례 연구:
나만의 추천 시스템 만들기

이전 두 장에서는 R을 이용해 추천 시스템을 구축하고 테스트하고 최적화하는 방법을 알아봤다. 각 장에는 다양한 예제들이 있었지만, 모두 R 패키지에서 제공하는 데이터 세트를 이용했다. 이 데이터들은 모두 구조화된 상태로, 바로 적용 가능하도록 준비돼 있었다. 하지만 우리가 다루는 현실 세계의 데이터들은 이처럼 구조화되고 정제돼 있지 않을 가능성이 높으므로 데이터의 준비 과정에 많은 시간과 노력이 든다.

또한 지금까지 다룬 예제들은 평점Rating 데이터만을 이용했다. 그러나 현실 세계에서는 대부분의 경우 고객 정보와 아이템에 대한 설명과 같은 추가적인 정보를 가지고 있다. 우수한 성능을 가진 추천 시스템을 만들기 위해서는 이처럼 관련된 모든 정보들을 조합해야 한다.

이 장에서는 원시 데이터$^{Raw\ Data}$를 이용해 추천 시스템을 만들고 최적화하는 좀 더 실용적인 예제를 다룬다. 이 장에서 다루는 내용은 다음과 같다.

- 추천 시스템을 만들기 위한 데이터 준비
- 시각화 기법을 통한 데이터 탐색
- 추천 모델 선택 및 구축
- 매개변수 조정을 통한 추천 모델의 성능 최적화

이제부터 위와 같은 과정을 거쳐 추전 시스템을 만들어볼 것이다.

데이터 준비하기

이번 절에서는 추천 모델을 만들기 위해 원시 데이터를 필요한 입력 데이터의 형태로 가공하는 과정을 설명한다.

데이터에 대한 설명

이 데이터 세트[1]는 마이크로소프트 웹사이트를 방문한 사용자들이 특정한 일주일 동안 웹 페이지의 어느 영역(아이템)을 조회했는지를 기록한 자료다.

데이터에 포함된 5,000명의 사용자들은 10,001에서 15,000 사이의 숫자로 표기돼 있으며, 298개의 아이템들은 1,000에서 1,297 사이의 숫자로 표기돼 있다.

데이터 세트는 구조화되지 않은 텍스트 파일의 형태로, 각 행은 두 개에서 여섯 개까지의 열을 갖고 있다. 첫 번째 열에는 행에 포함된 정보를 설명하는 대표 코드가 입력돼 있으며, 다음과 같은 세 가지 주요 코드가 있다.

---

1 https://kdd.ics.uci.edu/databases/msweb/msweb.html에서 다운로드할 수 있다. - 옮긴이

- A^{Attribute}: 웹사이트 영역(아이템)의 영역 번호와 해당 영역에 대한 설명을 포함한다.
- C^{Case}: 사용자의 고유 번호를 포함한다.
- V^{Vote}: 상위 C 열에 포함된 사용자가 조회한, 웹사이트 영역 번호를 포함한다.

사용자 고유 번호가 포함된 C 행 밑으로 해당 사용자가 조회한 웹사이트 영역 번호를 포함하는 V 행이 이어진다. 사용자 고유 번호는 중복 없이 한 번씩만 들어가 있다.

우리의 목표는 사용자들이 아직 조회하지 않은 웹사이트의 다른 영역을 조회하도록 추천하는 것이다.

데이터 불러오기

이번 절에서는 데이터를 불러오는 방법을 설명한다. 먼저 사용할 R 패키지를 불러온다.

```
library("data.table")
library("ggplot2")
library("recommenderlab")
library("countrycode")
```

앞에서 불러온 패키지는 다음과 같은 특징이 있다.

- data.table: 데이터를 다루기 위한 함수를 제공한다.
- ggplot2: 도표를 그리는 함수를 제공한다.
- recommenderlab: 추천 시스템을 만드는 함수를 제공한다.
- countrycode: 국가 이름 등의 데이터를 제공한다.

다음으로 테이블을 메모리에 할당해본다. 만약 텍스트 파일이 이미 작업 폴더에 있다면, 변수 이름을 정의하고 불러오는 것으로 충분하다. 그렇지 않으면 텍스트 파일이 위치한 전체 경로를 정의해야 한다.

```
file_in <- "anonymous-msweb.test"
```

행에 각기 다른 개수의 열이 있다. 즉 데이터가 구조화돼 있지 않다. 그러나 최대 여섯 개의 열이 있으므로 read.csv 함수를 이용해서 테이블 형태로 불러올 수 있다. 여섯 개 미만의 열이 있는 행은 빈 값들을 갖게 된다.

```
table_in <- read.csv(file_in, header = FALSE)
head(table_in)
```

V1	V2	V3	V4	V5	V6
I	4	www.microsoft.com	created by getlog.pl		
T	1	VRoot	0	0	VRoot
N	0	0			
N	1	1			
T	2	Hide1	0	0	Hide
N	0	0			

첫 번째 열과 두 번째 열에는 사용자의 고유 번호와 그들이 조회한 웹 페이지 영역 번호가 들어있다.

앞의 두 개 열 이외에 나머지 열은 제거할 수 있다.

```
table_users <- table_in[, 1:2]
```

데이터를 좀 더 편하게 다루기 위해 다음 명령어를 사용해 데이터 타입을 data.table 로 변환할 수 있다.

```
table_users <- data.table(table_users)
```

분리한 열들은 다음과 같다.

- category: 행의 내용을 지정하는 구분 코드로 주로 C와 V라는 값이 포함돼 있다. C는 사용자 고유 번호가 포함된 행을 의미하며, V는 해당 사용자가 조회한 웹사이트의 영역 번호가 포함돼 있음을 의미한다.
- value: 사용자 고유 번호와 웹사이트 영역 번호가 입력돼 있다.

열에 이름을 지정하고, 사용자 또는 아이템에 대한 정보를 포함하는 행만 분리할 수 있다.

```
setnames(table_users, 1:2, c("category", "value"))
table_users <- table_users[category %in% c("C", "V")]
head(table_users)
```

category	value
C	10001
V	1038
V	1026
V	1034
C	10002
V	1008

이렇게 만든 table_users 객체의 데이터는 구조화돼 있다. 이와 같이 데이터 구조화는 추천 시스템을 만들기 위해 필요한 평점 매트릭스^{Rating Matrix}를 정의하는 첫걸음이다.

평점 매트릭스 정의하기

우리의 목표는 각 사용자별로 각 웹사이트 영역에 대한 조회 여부를 나타내는 테이블을 정의하는 것이다. 현재 table_users 객체에는 각 사용자의 고유 번호와 조회한 영역 번호가 하나의 열에, 다른 행으로 입력돼 있다. catergory 열에 C로 입력된 행의 value 값은 사용자의 고유 번호를 의미하며, 뒤따르는 category 값 V 행의 value 값은 앞선 사용자가 조회한 웹사이트의 영역 번호를 의미한다.

이제 다음 과정을 통해 평점 매트릭스를 정의할 수 있다.

1. 사용자별 조회 정보를 그룹화할 수 있는 번호를 부여한다.
2. long 포맷의 데이터로 테이블을 변환한다.
3. wide 포맷의 데이터로 테이블을 변환한다.
4. 데이터 타입을 이진 평점 매트릭스(binaryRatingMatrix)로 변환한다.

평점 매트릭스를 정의하는 첫 단계는 사용자별 조회 데이터를 그룹화하는 번호를 부여하는 것이다. 이를 위해 chunk_user라는 열을 추가해, 사용자가 바뀔 때마다 번호를 1씩 증가시켜 부여한다. 다음 코드의 catergory =="C"라는 구문은 catergory의 코드 값이 C로 입력된 행을 기점으로 숫자를 1씩 증가시킨다는 의미다. 즉, 새로운 사용자가 나타나는 행마다 cumsum 함수를 이용해 chunk_user의 번호를 1씩 증가시킨다.

```
table_users[, chunk_user := cumsum(category == "C")]
head(table_users)
```

category	value	chunk_user
C	10001	1
V	1038	1
V	1026	1
V	1034	1
C	10002	2
V	1008	2

다음 단계는 사용자가 조회한 영역 번호를 별도의 열로 갖는 테이블을 정의하는 것이다. 이를 위해 value 열에 같이 들어가 있는 사용자 고유 번호와 영역 번호를 분리해 각각의 열로 만든다. 이렇게 만든 새로운 테이블은 long 포맷의 데이터라고 일컬어지기 때문에 table_long이라는 이름의 변수에 넣는다.

```
table_long <- table_users[, list(user = value[1], item = value[-1]), by =
"chunk_user"]
head(table_long)
```

chunk_user	user	item
1	10001	1038
1	10001	1026
1	10001	1034
2	10002	1008
2	10002	1056
2	10002	1032

이제 사용자별로 행이 구분되고 웹사이트의 영역 번호가 열로 이뤄진 테이블을 정의할 수 있다. 사용자가 해당 웹사이트 영역을 조회한 경우 1, 조회하지 않은 경우 0의 값을 부여한다. 이는 reshape 함수를 사용해 만들 수 있다. reshape 함수의 입력 매개변수는 다음과 같다.

- data: 입력할 데이터를 표시한다. long 포맷 형태로 가공된 데이터를 입력받는다.
- direction: 데이터를 어떤 방법으로 재구성할 것인지 지정한다(예: long 포맷에서 wide 포맷으로).
- idvar: 그룹을 식별하는 매개변수며, 이번 예제의 경우 user 열에 해당한다.
- timevar: wide 포맷의 열로 피봇시킬 변수를 지정하는 매개변수며, 이 경우 item 열에 해당한다.
- v.names: 셀에 지정할 값이며 이번 예제의 경우 사용자가 조회한 영역 번호에 공통적으로 숫자 1을 부여한다. 조회하지 않은 영역 번호의 value 값에는 자동으로 NA 값이 입력된다.

value 값을 1로 부여하고, reshape 함수를 사용해 wide 포맷 형태로 재구성한다. 변환한 데이터를 table_wide 변수에 저장한다.

```
table_long[, value := 1]
table_wide <- reshape(data = table_long,
                      direction = "wide",
                      idvar = "user",
                      timevar = "item",
                      v.names = "value")
head(table_wide[, 1:5, with = FALSE])
```

chunk_user	user	value.1038	value.1026	value.1034
1	10001	1	1	1
2	10002	NA	NA	NA
3	10003	1	1	NA
4	10004	NA	NA	NA
5	10005	1	1	1
6	10006	NA	NA	1

다음으로 평점 매트릭스를 만들기 위해서는 value 값이 포함된 열만 필요하다. 사용자 고유 번호는 추후 생성할 매트릭스의 행 이름으로 사용할 것이므로, vector_users라는 변수에 따로 저장해둔다.

```
vector_users <- table_wide[, user]
table_wide[, user := NULL]
table_wide[, chunk_user := NULL]
```

table_wide의 열 이름에서 'value.'라는 접두사를 제거해 웹 페이지의 영역 번호와 열 이름을 일치시킨다. 이를 위해 substring 함수를 사용한다.

```
setnames(x = table_wide,
         old = names(table_wide),
         new = substring(names(table_wide), 7))
```

여기까지 만든 평점 매트릭스는 recommenderlab의 객체에 저장해야 한다. 이를 위해 table_wide를 matrix 형태로 변환한다. 그리고 변환한 matrix의 행 이름에 vector_users에 담아둔 사용자 고유 번호를 붙인다.

```
matrix_wide <- as.matrix(table_wide)
rownames(matrix_wide) <- vector_users
head(matrix_wide[, 1:6])
```

사용자	1038	1026	1034	1008	1056	1032
10001	1	1	1	NA	NA	NA
10002	NA	NA	NA	1	1	1
10003	1	1	NA	NA	NA	NA
10004	NA	NA	NA	NA	NA	NA
10005	1	1	1	1	NA	NA
10006	NA	NA	1	NA	NA	NA

마지막 단계는 matrix_wide 매트릭스를 다음과 같이 as 함수를 사용해서 binary RatingMatrix로 변환하는 것이다.

```
matrix_wide[is.na(matrix_wide)] <- 0
ratings_matrix <- as(matrix_wide, "binaryRatingMatrix")
ratings_matrix
## 5000 x 236 rating matrix of class binaryRatingMatrix with 15191 ratings.
```

그림을 통해 매트릭스를 살펴보자.

```
image(ratings_matrix[1:50, 1:50], main = "Binary rating matrix")
```

다음 그림은 이진 평점 매트릭스의 패턴을 보여준다.

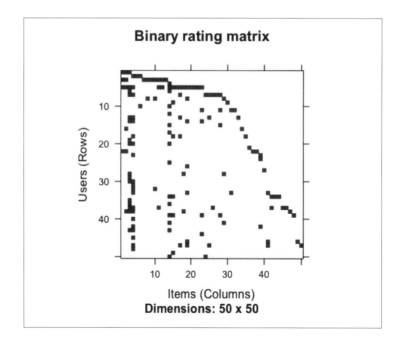

예상대로 매트릭스는 희소Sparse하다. 우리는 또한 웹사이트 영역에 대한 사용자들의 조회 수 분포를 시각화해볼 수 있다.

```
n_users <- colCounts(ratings_matrix)
qplot(n_users) + stat_bin(binwidth = 100) +
ggtitle("Distribution of the number of users")
```

다음 그림은 웹사이트 영역에 대한 사용자의 조회 수 분포를 보여준다.

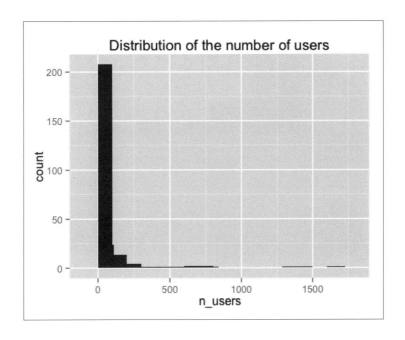

여기에는 일부 아웃라이어Outlier, 즉 극단적으로 많은 사용자가 조회한 웹사이트 영역이 있음을 알 수 있다. 그 영역들을 제외한 분포를 시각화해본다.

```
qplot(n_users[n_users < 100]) + stat_bin(binwidth = 10) +
ggtitle("Distribution of the number of users")
```

다음 그림은 아웃라이어에 해당하는 영역을 제외한 영역들에 대한 사용자의 조회 수 분포다.

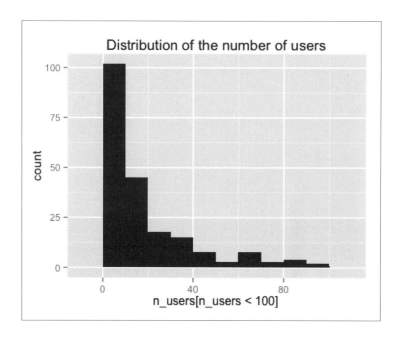

여기서는 다시 극소수의 사용자만 조회한 영역들이 있음을 볼 수 있다. 이렇게 소수의 사용자만 조회한 웹사이트 영역을 다른 사용자들에게 추천해주고 싶지는 않으므로, 영역에 대한 사용자의 최소 조회 수 기준을 정의해 추천 항목에서 제거한다. 예를 들면 5회 이상 조회된 웹사이트 영역들만 추천 대상 아이템으로 설정한다.

```
ratings_matrix <- ratings_matrix[, colCounts(ratings_matrix) >= 5]
ratings_matrix
## 5000 x 166 rating matrix of class 'binaryRatingMatrix' with 15043
ratings.
```

이제 최초의 236개 아이템에서 166개 아이템으로 줄어들었다. 모든 사용자에게 아이템을 추천하고 싶지만, 방금 전에 제거한 웹사이트 영역만 조회한 사용자가 있을 수 있다. 이를 확인해본다.

```
sum(rowCounts(ratings_matrix) == 0)
## _15_
```

앞선 작업에 따라 15명 사용자의 웹사이트 조회 기록이 사라졌다. 즉, 15명은 제거한
웹사이트 영역만 조회했다. 이러한 사용자들 역시 추천을 위한 대상에서 제거한다. 또
한 몇 개 안 되는 웹사이트 영역만 조회한 사용자에게는 다른 영역을 추천해주기가 어
렵다. 따라서 적어도 다섯 개 이상의 영역을 조회한 사용자에게만 아이템을 추천해주
기로 한다.

```
ratings_matrix <- ratings_matrix[rowCounts(ratings_matrix) >= 5, ]
ratings_matrix
## 959 x 166 rating matrix of class 'binaryRatingMatrix' with 6816 ratings
```

아이템 속성 추출하기

이 실습 초반에 생성한 table_in 객체에는 첫 번째 열에 입력된 코드 값이 A인 행들
이 있으며, 이 행들에는 웹사이트의 영역 번호와 해당 영역을 설명하는 간단한 요약
정보가 들어있다. 이러한 행들만 따로 추출하기 위해 table_in 객체의 데이터 타입
을 data.table형으로 변환하고, 첫 번째 열의 코드 값이 A인 행들만 따로 분리한다.

```
table_in <- data.table(table_in)
table_items <- table_in[V1 == "A"]
head(table_items)
```

V1	V2	V3	V4	V5
A	1277	1	NetShow for PowerPoint	/stream
A	1253	1	MS Word Development	/worddev
A	1109	1	TechNet (World Wide Web Edition)	/technet
A	1038	1	SiteBuilder Network Membership	/sbnmember
A	1205	1	Hardware Supprt	/hardwaresupport
A	1076	1	NT Workstation Support	/ntwkssupport

`table_item`에 포함된 주요한 열은 다음과 같다.

- **V2**: 웹사이트 영역 번호
- **V4**: 웹사이트 영역 요약 정보
- **V5**: 웹사이트 영역 고유 URL 주소

좀 더 명확한 테이블을 만들기 위해 필요한 열만 추출하고 이름을 다시 부여한다. 또한 웹사이트 영역 번호를 기준으로 테이블을 정렬한다.

```
table_items <- table_items[, c(2, 4, 5), with = FALSE]
setnames(table_items, 1:3, c("id", "description", "url"))
table_items <- table_items[order(id)]
head(table_items)
```

Id	description	url
1000	regwiz	/regwiz
1001	Support desktop	/support
1002	End user produced view	/athome
1003	Knowledge base	/kb
1004	Microsoft.com search	/search
1005	Norway	/norge

우리는 웹사이트 영역들이 갖는 특징을 살펴봐야 한다. 테이블을 보면 두 가지 범주의 웹사이트 영역이 있는 것을 알 수 있다.

- 마이크로소프트 제품 관련 영역
- 지리적 위치 관련 영역

테이블에서 지리적 위치가 포함된 행을 찾을 수 있으면, 나머지는 제품과 관련된 영역으로 간주할 수 있다. 이를 위해 먼저 category라는 이름의 열을 추가하고, 전체 행에 product라는 공통된 값을 부여한다.

```
table_items[, category := "product"]
```

앞서 소개한 countrycode 패키지는 대부분의 국가명이 포함된 countrycode_data 객체를 제공한다. countrycode_data 객체를 사용해 국가명이 포함된 name_countries라는 이름의 벡터를 정의한다. 그리고 table_items의 description 열에 있는 값과 name_countries 벡터의 값을 비교해, 값이 일치하는 모든 행을 region 카테고리로 분류한다.

```
name_countries <- c(countrycode_data$country.name.en,"Taiwan", "UK",
"Russia", "Venezuela",
"Slovenija", "Caribbean", "Netherlands (Holland)",
"Europe", "Central America", "MS North Africa")
table_items[description %in% name_countries, category := "region"]
```

그런데 결과를 자세히 보면 description 열에 국가명과 함께 region이라는 단어가 붙어있는 행들이 있다. 이런 행들은 countrycode 패키지를 이용해 분류해낼 수 없었으므로, grepl 함수를 사용한 정규 표현식을 통해 region 카테고리로 분류한다.

```
table_items[grepl("Region", description), category := "region"]
head(table_items)
```

V2	description	url	category
1000	regwiz	/regwiz	product
1001	Support Desktop	/support	product
1002	End User Produced View	/athome	product
1003	Knowledge Base	/kb	product
1004	Microsoft.com Search	/search	product
1005	Norway	/norge	region

이제 웹사이트 영역을 각 category별로 몇 개씩 분류했는지 확인해본다.

```
table_items[, list(n_items = .N), by = category]
```

category	n_items
product	248
region	46

웹사이트의 약 80%는 제품과 관련한 영역이고, 나머지 20%는 지역에 관한 영역임을 알 수 있다.

이제 드디어, 추천 모델을 만들 준비가 됐다.

▌ 모델 만들기

이 절에서는 웹사이트 영역의 내용 정보와 사용자의 조회 정보를 이용해 추천 모델을 만든다. 이 모델은 아이템 기반 협업 필터링IBCF과 웹사이트 영역의 내용 정보를 결합한다. 우리는 웹사이트 영역의 특징들을 조합해서 IBCF의 평점 매트릭스에 반영할 것이다. 이 모델은 서로 다른 두 가지 데이터를 통해 만들어진다.

먼저, 3장에서 설명한 방식에 따라 데이터를 학습 데이터와 트레이닝 데이터로 나눈다.

```
which_train <- sample(x = c(TRUE, FALSE),
               size = nrow(ratings_matrix),
               replace = TRUE,
               prob = c(0.8, 0.2))
recc_data_train <- ratings_matrix[which_train, ]
recc_data_test <- ratings_matrix[!which_train, ]
```

이제 recommenderlab 라이브러리의 Recommender 함수를 이용해서 IBCF 모델을 만들 수 있다. 평점 매트릭스가 이진binary 데이터로 이뤄져 있기 때문에 사용자 간 거리 측정 방법을 Jaccard로 지정한다. 자세한 내용은 3장의 '이진 데이터에 대한 협업 필터링' 절에서 설명했다. 나머지 매개변수는 기본값으로 지정한다.

```
recc_model <- Recommender(data = recc_data_train,
                   method = "IBCF",
                   parameter = list(method = "Jaccard"))
```

IBCF 방식의 추천 시스템은 아이템에 대한 거리 매트릭스를 기반으로 한다. 아이템 간의 거리는 아이템에 대한 조회 정보를 이용해 계산한다. 아이템 간에 같이 구매한 사용자가 많을수록 아이템들이 더 유사하다는 개념이다.

앞서 생성한 모델의 sim 속성에는 웹사이트 영역 간의 거리 매트릭스가 포함돼 있다. 확인해보자.

```
class(recc_model@model$sim)
## dgCMatrix
dim(recc_model@model$sim)
## _166_ and _166_
```

유사도 매트릭스는 dgCMatrix 클래스에 속하며, 166×166의 정방 매트릭스 형태다. 이를 image 함수를 사용해 시각화해볼 수 있다.

```
image(recc_model@model$sim)
```

다음 그림은 위 코드의 결과다.

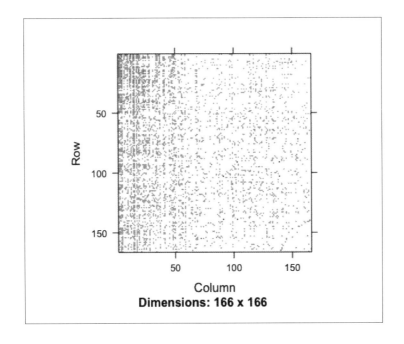

아직 웹사이트 영역 번호가 정렬되지 않았으므로 명확한 패턴을 발견할 수 없다. 일단 값의 범위를 살펴본다.

```
range(recc_model@model$sim)
## _0_ and _1_
```

모든 거리^{Distance}가 0에서 1 사이인 것을 확인했다.

우리의 목표는 다음 단계를 통해 거리 매트릭스$^{Distance\ Matrix}$와 웹사이트 영역에 대한 내용 정보를 결합하는 것이다.

1. 사용자의 조회 정보를 기반으로 아이템 간의 유사도 매트릭스$^{Similarity\ Matrix}$를 정의한다.
2. 웹사이트 영역의 내용 정보를 기반으로 아이템 간의 유사도 매트릭스를 정의한다.
3. 두 매트릭스를 결합한다.

먼저 recc_model을 이용해서, 아이템 간의 조회 유사도 매트릭스를 정의할 수 있다. 처음으로 필요한 것은 dgCMatrix 객체를 매트릭스 타입의 데이터로 변환하는 것이다.

```
dist_ratings <- as(recc_model@model$sim, "matrix")
```

다음으로 웹사이트 영역에 대한 내용 정보를 기반으로 유사도 매트릭스를 만들기 위해 dist 함수를 호출한다. 우리는 category 열에 포함된 정보만 사용하므로, 다음과 같은 방법으로 거리를 계산한다.

- 두 웹사이트 영역이 같은 카테고리에 속하면 1을 부여한다.
- 두 웹사이트 영역이 다른 카테고리에 속하면 0을 부여한다.

우리는 거리 매트릭스를 생성했기 때문에 이를 유사도 매트릭스로 변환한다. 거리가 0에서 1 사이이므로, 1 - dist( )를 적용해 기준을 바꿔준다.

```
dist_category <- table_items[, 1 - dist(category == "product")]
class(dist_category)
## dist
```

앞서 생성한 dist_category 객체의 클래스는 dist이므로, as 함수를 이용해 매트릭스 형태로 쉽게 변환할 수 있다.

```
dist_category <- as(dist_category, "matrix")
```

이제 dist_category 매트릭스의 차원 크기를 dist_ratings 매트릭스와 비교해본다.

```
dim(dist_category)
## _294_ and _294_
dim(dist_ratings)
## _166_ and _166_
```

dist_category 테이블은 모든 웹사이트 영역 간의 유사도 매트릭스를 포함하고 있으므로, 조회 내역이 적은 아이템 등을 제거하고 유사도 매트릭스를 생성한 data_ratings보다 더 많은 행과 열이 있다.

dist_category와 dist_ratings를 결합하려면 행과 열의 수가 동일해야 하며, 두 테이블의 정렬 기준이 같아야 한다. 다음 과정을 거쳐서 웹사이트의 영역 번호를 기준으로 두 테이블을 매칭시킬 수 있다.

1. 두 매트릭스의 행 이름과 열 이름에 웹사이트 영역 번호가 들어가 있는지 확인한다.

2. dist_ratings에서 행과 열 이름을 추출한다.

3. dist_ratings에서 추출한 이름에 따라 dist_category를 정렬하고 일치하는 항목만 추출한다.

dist_ratings 테이블에는 이미 행과 열 이름이 들어있다. 앞서 생성한 table_items로부터 웹사이트 영역 번호를 호출해 dist_category 객체의 행과 열 이름에 붙여준다.

```
rownames(dist_category) <- table_items[, id]
colnames(dist_category) <- table_items[, id]
```

이제는 dist_ratings에서 웹사이트 영역 번호를 추출해 dist_catergory에서 같은 번호를 가진 웹사이트 영역만 분리한다.

```
vector_items <- rownames(dist_ratings)
dist_category <- dist_category[vector_items, vector_items]
```

두 매트릭스가 일치하는지 확인해본다.

```
identical(dim(dist_category), dim(dist_ratings))
## TRUE
identical(rownames(dist_category), rownames(dist_ratings))
## TRUE
identical(colnames(dist_category), colnames(dist_ratings))
## TRUE
```

모든 것이 같다. dist_category의 값을 그림을 통해 다시 살펴본다.

```
image(dist_category)
```

다음 그림은 위 코드의 결과다.

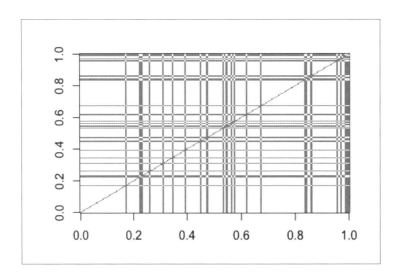

매트릭스에는 0 또는 1의 값만 들어있고, 웹사이트 영역은 두 개의 카테고리로만 분류
되므로 명확한 패턴을 발견할 수 있다. 또한 매트릭스가 대칭적이다.[2]

이제 두 테이블을 결합해야 하며, 결합 방식으로는 두 매트릭스 간 평점[rating]의 가중
평균을 이용한다. dist_category 매트릭스에서는 아이템끼리 카테고리가 일치하는
지만 고려했으므로 가중치를 비교적 낮게 잡는 것이 좋다. 예를 들어 가중치를 25%
로 설정한다.

```
weight_category <- 0.25
dist_tot <- dist_category * weight_category + dist_ratings * (1 - weight_
category)
```

---

2 그림에서 대각선으로 그려진 빨간색 선은 동일한 아이템 간의 유사도를 0으로 치환시켰기 때문에 빨간색으로 표시됐다. 그
   러나 대각선의 색상과는 무관하게, 이미지 내의 빨간색 격자선은 두 아이템의 카테고리가 다를 때의 유사도(0)를 의미한다.
   – 옮긴이

그림을 사용해 dist_tot 매트릭스를 살펴본다.

```
image(dist_tot)
```

다음 그림은 위 코드의 결과다.

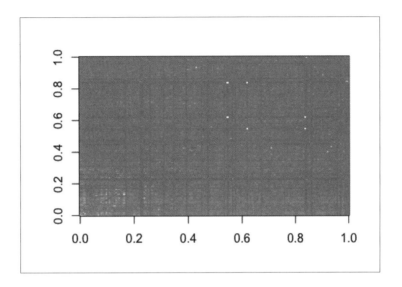

매우 유사한 아이템을 나타내는 흰색 점들이 보인다. 게다가 배경에서 dist_category의 패턴을 볼 수 있다.[3]

이제 recc_model 내에 새 유사도 매트릭스를 포함시킬 수 있다. 이를 위해 dist_tot 객체의 데이터 타입을 dgCMatrix로 변환하고 recc_model에 삽입한다.

```
recc_model@model$sim <- as(dist_tot, "dgCMatrix")
```

---

3 동일 아이템 간의 유사도를 나타내는 빨간색 대각선으로 인해, 빨간색 표시일수록 더 유사도가 높다고 착각할 수 있다. 그러나 이는 동일 아이템 간의 유사도를 앞서 0으로 치환했기 때문에 나타나는 것이며, 실제로는 흰색 점에 가까울수록 유사하다. image(dist_tot[1:50,1:50])과 같은 명령어로 데이터의 일부만을 편집해보면 쉽게 이해할 수 있다. – 옮긴이

3장에서 봤듯이, 이제 predict 함수를 사용해 아이템을 추천할 수 있다.

```
n_recommended <- 10
recc_predicted <- predict(object = recc_model,
                          newdata = recc_data_test,
                          n = n_recommended)
```

recc_predicted의 itemLabels 슬롯에는 아이템 이름, 즉 웹사이트 영역 번호가 들어 있다.

```
head(recc_predicted@itemLabels)
# 1038, 1026, 1034, 1008, 1056 and 1032
```

웹사이트 영역에 대한 설명을 표시하기 위해 table_items 객체를 사용할 수 있다. itemLabels에 포함된 번호들과 동일하게 table_items를 정렬하는 것이다. 이를 위해 웹사이트 영역 번호가 포함된 data.frame을 생성하고, table_items 테이블과 조인시 킨다. 다음 단계를 통해 확인해본다.

1. 웹사이트 영역 번호 열을 갖는 데이터 프레임을 생성한다.

```
table_labels <- data.frame(id = recc_predicted@itemLabels)
```

2. table_labels와 table_items를 왼쪽 테이블 기준 결합LEFT JOIN한다. sort = FALSE로 지정함으로써 정렬 순서를 동일하게 둔다.

```
table_labels <- merge(table_labels, table_items,
                  by = "id", all.x = TRUE, all.y = FALSE,
                  sort = FALSE)
```

3. description 열의 데이터 타입을 factor형에서 character형으로 변환한다.

```
descriptions <- as(table_labels$description, "character")
```

이제 table_labels를 살펴본다.

head(table_labels)

id	description	url	category
1038	SiteBuilder Network Membership	/sbnmember	product
1026	Internet Site Construction for Developers	/sitebuilder	product
1034	Internet Explorer	/ie	product
1008	Free Downloads	/msdownload	product
1056	sports	/sports	product
1032	Games	/games	product

이제 우리는 추천하고자 하는 웹사이트 영역을 뽑을 수 있다. 예를 들어 첫 번째 사용자에 대한 추천 영역을 뽑아보자.

```
recc_user_1 <- recc_predicted@items[[1]]
items_user_1 <- descriptions[recc_user_1]
head(items_user_1)

# Windows family of OSs, Support Desktop, Knowledge Base,
Microsoft.com Search, Products, and Windows 95.
```

이제 모든 사용자에 대한 추천 웹사이트 영역이 정리된 테이블을 만들 수 있다. 각 열은 사용자에 해당하고 각 행은 추천 영역에 해당한다. n_recommended를 10으로 설정하면 테이블은 10개의 행을 갖게 된다. 이를 위해 sapply 함수를 사용함으로써 recc_predicted@items의 각 요소에 대한 descriptions를 식별한다.

그러나 사용자당 추천 웹사이트 영역의 수는 한 개에서 10개 사이며, 사용자마다 개수가 다르다. 10개의 행이 있는 구조화된 테이블을 정의하려면 각 사용자에 대해 같은 수의 값이 필요하다. 따라서 빠진 개수만큼의 추천 영역은 빈 문자열로 대체한다. 빈 문자열로 대체하는 작업은 빈 문자열을 rep 함수로 복제해 수행한다.

```
recc_matrix <- sapply(recc_predicted@items, function(x){
recommended <- descriptions[x]
  c(recommended, rep("", n_recommended - length(recommended)))
})
dim(recc_matrix)
## _10_ and _191_
```

처음 세 사용자에 대한 추천 결과를 살펴본다.

```
head(recc_matrix[, 1:3])
```

Windows family of OSs	Products	Developer workshop
Support Desktop	MS Word	SiteBuilder Network Membership
Knowledge Base	isapi	isapi
Microsoft.com Search	regwiz	Microsoft.com Search
Products	Windows family of OSs	Windows Family of OSs
Windows 95	Microsoft.com Search	Web Site Builder's Gallery

추천된 웹사이트 영역을 보면, Products와 Support Desktop이 세 사람에게 공통으로 추천된 것을 알 수 있다. 따라서 몇몇 영역은 추천될 확률이 더 높으리라 추정해볼 수 있다.

3장, '추천 시스템'에서 했던 것처럼 결과를 탐색해본다. 각 영역이 사용자들에게 몇 번
추천됐는지 확인해볼 수 있다.

```
table_recomm_per_item <- table(recc_matrix)
recomm_per_item <- as(table_recomm_per_item, "numeric")
```

결과를 시각화하기 위해 cut 함수를 사용해 구간 단위로 묶어준다.

```
bin_recomm_per_item <- cut(recomm_per_item,
                           breaks = c(0, 10, 20, 100,
                           max(recomm_per_item)))
```

qplot을 사용하면 recomm_per_item의 분포를 시각화할 수 있다.

```
qplot(bin_recomm_per_item) + ggtitle("Recommendations per item")
```

다음 그림은 웹사이트 영역의 추천 수를 표시한다.

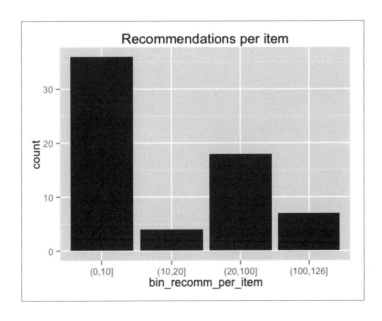

대부분은 10번 이하로 추천됐으며, 일부 영역은 100번 이상 추천됐다. 즉, 롱테일 분포를 따르고 있다.

또한 우리는 recomm_per_item을 정렬해 가장 인기 있는 추천 영역을 확인할 수 있다.

```
recomm_per_item_sorted <- sort(table_recomm_per_item,
                               decreasing = TRUE)
recomm_per_item_top <- head(recomm_per_item_sorted, n = 4)
table_top <- data.frame(
  name = names(recomm_per_item_top),
  n_recomm = recomm_per_item_top)
table_top[,c(1,3)]
```

name	n_recomm.Freq
Internet Explorer	126
Windows Family of OSs	120
Knowledge Base	118
Products	115

이 장에서는 하이브리드 추천 모델을 만들고 탐색해봤다. 다음 단계는 만들어본 추천 모델을 평가하고 매개변수를 최적화하는 것이다.

▌ 모델 평가 및 최적화

이 장에서는 추천 시스템의 성능을 평가하는 방법을 설명한다. 모델을 평가하는 것부터 시작해서, 매개변수를 조정하고 최고의 성능을 내는 매개변수의 선택 과정을 다룰 것이다. 자세한 내용은 4장, '추천 시스템의 평가'를 참고한다.

다음은 모델을 평가하고 최적화하는 과정이다.

- 주어진 매개변수를 조정해 모델을 평가하는 함수를 생성한다.
- 함수를 사용해 매개변수를 다양하게 조정하면서 테스트하고, 최고 성능을 내는 설정을 찾는다.

이러한 단계를 자세히 살펴본다.

모델을 평가하는 함수 만들기

이 절에서는 다음과 같은 기능을 하는 함수를 정의할 것이다.

1. k-fold를 사용해 교차 검증을 할 수 있도록 설정한다.
2. 하이브리드 IBCF를 만든다.
3. 테스트 세트의 사용자에게 아이템을 추천한다.
4. 추천 결과를 평가한다.

함수의 입력 데이터는 다음과 같다.

- **데이터**Data: 웹사이트 영역의 내용 정보를 결합해서 만든 평점 매트릭스
- **k-fold 매개변수**k-fold parameter: K 겹fold의 수, 테스트 데이터 세트에 포함할 아이템의 수
- **모델 매개변수**Model parameter: 최근접 이웃의 수, 아이템 설명 정보 기반 거리에 대한 가중치, 추천할 아이템 개수

이제 함수의 인자들을 정의해본다. 인자 옆에 주석으로 설명을 추가해뒀다.

```
evaluateModel <- function (
  # 입력 데이터
  ratings_matrix, # 평점 매트릭스(rating matrix)
```

```
    table_items, # 아이템 설명 정보 테이블
    # K-fold 매개변수
    n_fold = 10, # 겹의 개수
    items_to_keep = 4, # TEST 데이터 세트에 포함할 아이템 개수
    # 모델 매개변수
    number_neighbors = 30, # 최근접 이웃의 수
    weight_description = 0.2, # 아이템 설명 정보 기반 거리에 대한 가중치
    items_to_recommend = 10 # 추천 아이템의 개수
){
  # 평가(evaluate) 모델 파트
}
```

이제 함수의 바디에 들어갈 내용을 단계별로 살펴본다.[4] 좀 더 자세한 설명을 위해 이전 절과 4장, '추천 시스템의 평가'를 참조할 수 있다.

1. 먼저 evaluationScheme 함수를 사용해 k-fold를 설정한다. 매개변수 k와 given은 각각 n_fold와 items_to_keep에 입력된 조건에 따라 설정된다. set. seed(1) 명령은 예제를 재현할 수 있게 하기 위해 입력한다. 즉, set.seed(1) 을 지정하면 명령어를 반복 수행했을 때 임의의 구성 요소들이 동일하게 적용된다.

```
set.seed(1)
eval_sets <- evaluationScheme(data = ratings_matrix,
                              method = "cross-validation",
                              k = n_fold,
                              given = items_to_keep)
```

---

4 예제 코드의 '# 평가(evaluate) 모델 파트'에 추가될 것이다. - 옮긴이

176

2. 그다음에는 Recommender 함수를 사용해 거리 계산 방법을 Jaccard로 정의하고, *k* 인자를 최근접 이웃의 숫자로 정의하는 IBCF 모델을 만든다.

```
recc_model <- Recommender(data = getData(eval_sets, "train"),
                          method = "IBCF",
                          parameter = list(method = "Jaccard",
                          k = number_neighbors))
```

3. 이제 모델에서 평점 기반 거리 매트릭스를 추출한다.

```
dist_ratings <- as(recc_model@model$sim, "matrix")
vector_items <- rownames(dist_ratings)
```

4. table_items 입력으로부터 아이템 설명 정보 기반 거리 매트릭스도 정의한다.

```
dist_category <- table_items[, 1 - as.matrix(dist(category ==
"product"))]
rownames(dist_category) <- table_items[, id]
colnames(dist_category) <- table_items[, id]
dist_category <- dist_category[vector_items, vector_items]
```

5. dist_ratings와 dist_category를 조합해 거리 매트릭스를 정의한다. 조합은 가중 평균을 사용하며, 가중치는 weight_description 입력 값에 의해 정의한다.

```
dist_tot <- dist_category * weight_description +
  dist_ratings * (1 - weight_description)
recc_model@model$sim <- as(dist_tot, "dgCMatrix")
```

6. recc_model을 이용해서 테스트 세트의 사용자들에 대해 예측한다. 우리는 0 과 1의 평점만을 가진 테이블을 사용하기 때문에 type = "topNList" 인수로 상위 n개의 추천 아이템을 구하도록 지정할 수 있다. 추천 아이템 수를 정의하는 인수 n은 items_to_ recommended 입력으로 정의한다.

```
eval_prediction <- predict(object = recc_model,
                           newdata = getData(eval_sets,
                           "known"),
                           n = items_to_recommend,
                           type = "topNList")
```

7. calcPredictionAccuracy( )를 사용해 모델 성능을 평가한다. byUser = FALSE 를 지정해 정확도와 재현력 같은 평균적인 지표를 구한다.

```
eval_accuracy <- calcPredictionAccuracy(
  x = eval_prediction,
  data = getData(eval_sets, "unknown"),
  byUser = FALSE,
  given = items_to_recommend)
```

8. 함수의 출력 값은 eval_accuracy 테이블이 된다.

```
return(eval_accuracy)
```

9. 이제 함수를 테스트해본다.

```
model_evaluation <- evaluateModel(ratings_matrix = ratings_matrix,
                                  table_items = table_items)
model_evaluation
```

인덱스	값
TP	2
FP	8
FN	1
TN	145
precision	19%
recall	64%
TPR	64%
FPR	5%

지표에 대한 자세한 설명은 4장, '추천 시스템의 평가'에서 확인할 수 있다.

이 절에서는 주어진 설정을 통해 모델을 평가하는 함수를 정의했다. 이 함수는 매개변수 최적화에 도움을 줄 것이다.

모델 매개변수 최적화

evaluateModel 함수를 이용하면 추천 모델의 매개변수를 최적화할 수 있다. 이 절에서는 다음의 매개변수를 최적화한다.

- number_neighbors: IBCF의 최근접 이웃 수
- weight_description: 아이템 내용 정보 기반 거리에 부여한 가중치

다른 매개변수들도 최적화할 수 있지만, 단순화해 설명하기 위해 나머지는 기본값으로 둔다.

지금까지 만든 추천 모델은 IBCF와 아이템의 설명 정보를 결합한 것이다. 그러므로 먼저 IBCF를 최적화하는 것이 좋다. 먼저, number_neighbors 매개변수를 최적화한다.

우선 테스트할 값을 결정해야 한다. 즉 k 값을 지정해야 하며, 이것은 적어도 아이템의 절반에 해당하는 80개의 아이템을 대상으로 하는 것이 좋다.

반면, 4보다 작은 값은 모델의 안정성을 위해 제외하는 것이 좋다. 값을 점진적으로 2씩 증가하게끔 지정하면, 테스트를 위한 벡터를 만들 수 있다.

```
nn_to_test <- seq(4, 80, by = 2)
```

이제는 number_neighbors 매개변수에 지정한 값에 따른 성능을 측정할 수 있다. 우리가 IBCF 부분만 최적화하므로, weight_description 가중치는 0으로 설정한다. lapply 함수를 사용해 nn_to_test의 각 값에 대한 성능을 포함하는 리스트를 만든다.

```
list_performance <- lapply(
  X = nn_to_test,
  FUN = function(nn){
    evaluateModel(ratings_matrix = ratings_matrix,
                  table_items = table_items,
                  number_neighbors = nn,
                  weight_description = 0)
  })
```

리스트의 첫 번째 요소를 살펴본다.

```
list_performance[[1]]
```

name	value
TP	1.663
FP	8.337
FN	1.683
TN	144.3

precision	0.1663
recall	0.5935
TPR	0.5935
FPR	0.05449

리스트의 첫 번째 요소는 모든 성능 지표를 포함하고 있다. 모델을 평가하기 위해 정확도와 재현력을 사용할 수 있다. 자세한 내용은 4장, '추천 시스템의 평가'에 설명돼 있다.

sapply 함수를 사용해 정확도(또는 재현력) 벡터를 추출할 수 있다.

```
sapply(list_performance, "[[", "precision")
```

```
0.1663, 0.1769, 0.1769, 0.175, 0.174, 0.1808, 0.176, 0.1779, 0.1788,
0.1788, 0.1808, 0.1817, 0.1817, 0.1837, 0.1846, 0.1837, 0.1827, 0.1817,
0.1827, 0.1827, 0.1817, 0.1808, 0.1817, 0.1808, 0.1808, 0.1827, 0.1827,
0.1837, 0.1827, 0.1808, 0.1798, 0.1798, 0.1798, 0.1798, 0.1798, 0.1798,
0.1788, 0.1788 and 0.1788
```

출력된 결과를 분석하기 위해 nn_to_test, precision, recall 열을 갖는 테이블을 만들어본다.

```
table_performance <- data.table(
  nn = nn_to_test,
  precision = sapply(list_performance, "[[", "precision"),
  recall = sapply(list_performance, "[[", "recall")
)
```

추가로, 최적화할 성능 지표를 정의할 수 있다. 성능 지표는 정확도와 재현력 사이의 가중 평균으로 구할 수 있다. 이번 예제의 경우 가중치는 0.5로 설정한다.

```
weight_precision <- 0.5
table_performance[
  , performance := precision * weight_precision + recall * (1 -
  weight_precision)]
```

```
head(table_performance)
```

nn	precision	recall	performance
4	0.1663	0.5935	0.3799
6	0.1769	0.621	0.399
8	0.1769	0.5973	0.3871
10	0.175	0.5943	0.3846
12	0.174	0.5909	0.3825
14	0.1808	0.6046	0.3927

정확도는 실제로 조회한 아이템 중 추천 아이템의 백분율이며 재현력은 추천 아이템 중 실제 조회 아이템의 백분율이다.

table_performance 테이블은 모든 평가 매트릭스를 포함한다. 이 매트릭스를 이용해서 최적의 nn을 찾는 데 도움이 되는 도표를 그려볼 수 있다.

도표를 작성하기 전에 ggplot2 함수와 함께 사용할 convertIntoPercent 함수를 정의해본다.

```
convertIntoPercent <- function(x){
  paste0(round(x * 100), "%")
}
```

이제 도표를 만들 준비가 됐다. 첫 번째 도표는 nn을 기반으로 하는 정확도 도표다. 다음 함수를 사용해 도표를 만들 수 있다.

- qplot: 산점도를 만들어준다.

- geom_smooth: 부드러운 곡선을 추가해준다.

- scale_y_continuous: y축의 스케일^{scale}을 변경해준다. 이번 예제의 경우 퍼센트(%)로 표시한다.

다음 명령어는 앞의 내용으로 작성했다.

```
qplot(table_performance[, nn],
table_performance[, precision]) +
geom_smooth() + scale_y_continuous(labels = convertIntoPercent)
```

다음 그림은 위 코드의 결과다.

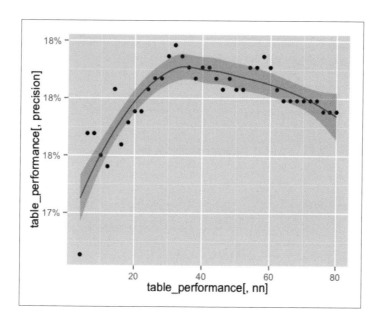

파란색 선을 보면 nn = 35 부근에서 최댓값을 이루다가 서서히 감소한다. 정확도는 성공적인 추천 비율을 나타내므로, 광고 등의 비용 집행에 대한 성과 지표로 사용하기에 유용하다.

유사한 명령어를 사용해 재현력을 살펴본다.

```
qplot(table_performance[, nn], table_performance[, recall]) +
geom_smooth() + scale_y_continuous(labels = convertIntoPercent)
```

다음 그림은 이전 코드의 결과다.

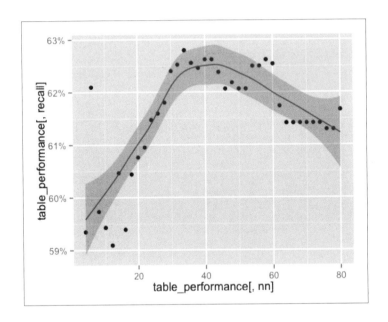

최대 재현력은 약 nn = 40 선에서 정점을 이루고 있다. 이 지수는 우리가 추천하는 항목의 실제 조회 비율을 나타내므로, 사용자들의 조회를 예측하고 싶을 때 유용하다.

정확도와 재현력을 동시에 고려해 성능을 살펴볼 수도 있다. 이를 확인해본다.

```
qplot(table_performance[, nn], table_performance[, performance]) +
geom_smooth() + scale_y_continuous(labels = convertIntoPercent)
```

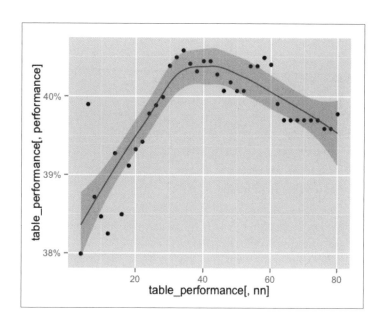

최적의 성능은 nn 값이 30에서 45 사이일 경우 나온다. which.max 함수를 사용해 최상의 nn을 식별할 수 있다.

```
row_best <- which.max(table_performance$performance)
number_neighbors_opt <- table_performance[row_best, nn]
number_neighbors_opt
```

최적 값은 34다. 우리는 IBCF 매개변수를 최적화했다. 다음 단계는 아이템 설명 정보의 가중치를 결정하는 것이다. 먼저, 시도할 가중치를 정의해본다. 가능한 가중치의 범위는 0에서 1 사이이며, 가령 0.05씩 점진적으로 올려볼 필요가 있다.

```
wd_to_try <- seq(0, 1, by = 0.05)
```

lapply 함수를 사용해 우리는 가중치에 따른 추천 시스템을 테스트할 수 있다.

```
list_performance <- lapply(
  X = wd_to_try,
  FUN = function(wd){
  evaluateModel(ratings_matrix = ratings_matrix,
                table_items = table_items,
                number_neighbors = number_neighbors_opt,
                weight_description = wd)
  })
```

앞의 경우와 마찬가지로 정확도, 재현력, 성능이 포함된 테이블을 만들 수 있다.

```
table_performance <- data.table(
  wd = wd_to_try,
  precision = sapply(list_performance, "[[", "precision"),
  recall = sapply(list_performance, "[[", "recall")
)
table_performance[, performance := precision * weight_precision + recall * (1
- weight_precision)]
```

이제 도표를 통해 가중치를 기준으로 성능을 시각화할 수 있다.

```
qplot(table_performance[, wd], table_performance[, performance]) +
geom_smooth() + scale_y_continuous(labels = convertIntoPercent)
```

다음 그림은 앞의 명령어 출력 결과다.

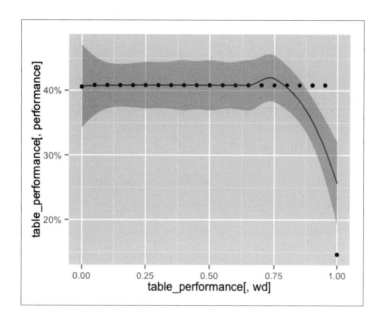

성능은 극단적인 값을 제외하고는 각 포인트에 대해 같다. 이 경우에 geom_smooth 옵션으로 회귀선과 신뢰 구간을 그려봐도 큰 도움은 되지 않는다.

지금까지 조회 평점과 아이템 설명 정보를 모두 고려해 최상의 성능을 내는 추천 시스템을 만들었다. 가중치를 극단적으로 0.00으로 지정한 결과는 순수하게 IBCF만을 적용한 결과에 해당하며, 이는 하이브리드 추천 시스템보다 성능이 다소 낮다. 가중치를 1.00으로 지정한 모형은 아이템 설명 정보만으로 추천한 것이고, 따라서 성능이 매우 낮다.

성능이 많이 변하지 않는 이유는 아이템 설명 정보가 이진적인 특성을 가지기 때문이다. 다른 특징을 추가하면 더 높은 성능을 낼 수 있을 것이다.

이 절에서는 두 가지 매개변수를 기반으로 추천 알고리즘을 최적화하는 방법을 설명했다. 다음 단계는 나머지 IBCF 매개변수에 기초해 모델을 최적화하고 아이템 설명 정보를 개선하는 일일 것이다.

▌ 요약

이 장에서는 현실 세계에서 추천 시스템 기법들을 적용하는 방법을 설명했다. 구조화되지 않은 원시 데이터부터 시작해서 협업 필터링의 입력 데이터 형태인 평점 매트릭스를 만들었고, 또한 아이템에 대한 설명 정보를 추출해 모델의 성능을 향상했으며, 모델의 성능 평가를 통해 매개변수를 최적화했다. 이와 같은 접근은 데이터를 적절하게 정제시켜놓은 경우 각 현실의 문제들에도 충분히 적용할 수 있다.

이 책에는 머신 러닝의 기초와 실용적인 응용 방법들이 담겨 있다. 이 책을 완독하고 나면 가장 적절한 추천 기법을 찾아내는 현실 세계의 어려운 일들을 처리할 수 있을 것이다. 여기까지 따라와준 독자들께 감사의 마음을 전한다.

궁금한 내용이 있으면 언제든 문의해주길 바란다.

부록: 참고 자료

추천 시스템과 머신 러닝에 대해 더 배워보려면 다음을 참고한다.

- 『The Recommender Systems: An Introduction』(Dietmar Jannach, Markus Zanker, Alexander Felfernig, Gerhard Friedrich)
- 『Recommender Systems Handbook』(Francesco Ricci, Lior Rokach, Bracha Shapira, Paul B. Kantor)
- 『An Introduction to Statistical Learning with Applications in R』(Gareth James, Daniela Witten, Trevor Hastie, Robert Tibshirani)
- 위키피디아(https://en.wikipedia.org/wiki/Precision_and_recall)
- '머신 러닝' 온라인 코스(Andrew NG, https://www.coursera.org/)

| 찾아보기 |

에이콘출판의 기틀을 마련하신 故 정완재 선생님 (1935-2004)

R로 만드는 추천 시스템

고객의 취향을 예측하는 추천 시스템 만들기

발   행 | 2017년 7월 31일

지은이 | 수레시 고라칼라 • 미셸 우수엘리
옮긴이 | 김동섭 • 윤병도 • 김현돈 • 박정현

펴낸이 | 권 성 준
편집장 | 황 영 주
편   집 | 조 유 나
디자인 | 박 주 란

에이콘출판주식회사
서울특별시 양천구 국회대로 287 (목동)
전화 02-2653-7600, 팩스 02-2653-0433
www.acornpub.co.kr / editor@acornpub.co.kr

한국어판 ⓒ 에이콘출판주식회사, 2017, Printed in Korea.
ISBN 979-11-6175-030-9
ISBN 978-89-6077-210-6 (세트)
http://www.acornpub.co.kr/book/building-recommend-system-r

이 도서의 국립중앙도서관 출판시도서목록(CIP)은 서지정보유통지원시스템 홈페이지(http://seoji.nl.go.kr)와
국가자료공동목록시스템(http://www.nl.go.kr/kolisnet)에서 이용하실 수 있습니다.(CIP제어번호: CIP2017017904)

책값은 뒤표지에 있습니다.